Jean-Marc Ausset

Florilège de pensées

Jean-Marc Ausset

Florilège de pensées

**Réflexions sur une société décadente . La poésie
à l'honneur ! Petites histoires à déguster .**

Éditions Croix du Salut

Imprint

Any brand names and product names mentioned in this book are subject to trademark, brand or patent protection and are trademarks or registered trademarks of their respective holders. The use of brand names, product names, common names, trade names, product descriptions etc. even without a particular marking in this work is in no way to be construed to mean that such names may be regarded as unrestricted in respect of trademark and brand protection legislation and could thus be used by anyone.

Cover image: www.ingimage.com

Publisher:
Éditions Croix du Salut
is a trademark of
Dodo Books Indian Ocean Ltd. and OmniScriptum S.R.L publishing group

120 High Road, East Finchley, London, N2 9ED, United Kingdom
Str. Armeneasca 28/1, office 1, Chisinau MD-2012, Republic of Moldova, Europe
Printed at: see last page
ISBN: 978-620-6-17002-0

FLORILEGE

AU FIL DE MA PLUME

en prose et en poésie

Jean-Marc AUSSET

à mes petits-enfants
Elian, Anaïs, Raphaël et Mattéo

Préface

L'âge n'aidant pas - bientôt 80 ans - il m'est apparu judicieux sinon nécessaire, après avoir redécouvert un nombre important de contributions écrites sur des sujets divers, de les classer puis de les taper et enfin de les éditer, afin que mes 4 petits-enfants, âgés de 17 ans à 9 ans, au jour d'aujourd'hui, le 12 juin de l'an de grâce 2024, à savoir l'aîné Elian, puis Anaïs, Raphaël et enfin le cadet Mattéo, afin qu'ils aient matière à nourrir leurs pensées, leurs connaissances, voire leur imaginaire, qu'ils puissent savoir que leur papy les aime d'un amour éternel !

J'ai donc créé 3 volets correspondant à des niveaux de compréhension et d'intérêt adaptés à des âges différents .

Les écrits demandant le plus de maturités sont rangés dans la rubrique :
« l'actualité en question »

Les seconds sont compréhensibles par tous, à des degrés divers .
Il s'agit des
« Poèmes et paroles de chants »

Les troisièmes sont sous la rubrique offerte à tous :
« Histoires courtes vraies ou fictives »

J'ose espérer que chacun saura découvrir qui se cache derrière celui qu'ils appellent affectueusement « Papy » !

I) L'ACTUALITE EN QUESTION

L'EDUCATION NATIONALE ET SES PROFESSEURS

La France est l'un des pays européens où l'on paie le moins les enseignants.

Voici le niveau de considération des enseignants mesuré à l'aune des salaires mais pas à celle du niveau d'études ni des risques encourus ! Non seulement l'Etat français se paye leur tête mais de surcroît, il est incapable d'empêcher les fous-criminels de la leur couper ! Faites de la politique et vous serez bien mieux payés ! Comme le dit l'adage, on a les gouvernants qu'on mérite !

Incendies des voitures électriques

Si vous voulez chauffer votre voiture à l'électricité, n'hésitez surtout pas, achetez un véhicule électrique, vous ne serez pas déçus !

Mettez un peu de fumée, un peu de brouillard et un peu de smog , secouez le tout, puis présentez une publicité alléchante, colorée de préférence, sur les voitures hybrides rechargeables, vantant les vertus écologiques de ces véhicules miracles dont les émissions de Co2, ce méchant gaz , prétendument à effet de serre, et vous serez séduits par toutes ces qualités ! Mais, en réalité, vous serez trompés car le rideau de fumée vous aura masqué la triste réalité ! L'Argus Automobile a ouvert une enquête impartiale pour conclure à la tromperie . Par parenthèse, concernant les gaz à effet de serre, je me dois de signaler que tous les climatologues ne sont pas d'accord et qu'un certain nombre d'entre eux qui étaient membre du GIEC, l'ont quitté en raison de désaccords tant scientifiques que méthodologiques voire idéologiques ou politiques . C'est qu'en effet, le Co2 est nécessaire à la vie en raison des mécanismes de la photosynthèse des végétaux terrestres comme aquatiques qui permet l'absorption du carbone du Co2 pour le transformer en tissu ligneux et du rejet de l'oxygène nécessaire à la vie. Selon les climatologues "dissidents" qui ont le courage d'affronter leurs collègues "bien-pensants", c'est la vapeur d'eau, due à l'évaporation des océans qui couvrent plus de 75% de la surface de la terre, qui constitue le facteur majeur des effets de serre .

ENCORE AU SUJET DES VOITURES ELECTRIQUES

GRAND BLUFF ?

Faut-il redouter des batteries impossibles à réparer ?

Avant d'acheter un véhicule électrique, lisez ce qui suit et vous serez édifiés ! N'oubliez pas, non plus, que la question de l'autonomie est fonction de la température extérieure et de la vitesse moyenne qui, sur autoroute, la réduit énormément. Ne pas oublier que le maillage des bornes est encore très lâche et peut apporter quelques déconvenues. De plus, le prix du kWh est trompeur car chaque fournisseur fait payer un abonnement matérialisé par une carte qui n'est pas donnée. Par ailleurs, si vous faites le "plein" sur une borne d'un autre fournisseur, celui-ci prélèvera sa petite part pour amortir son investissement . Enfin, il arrive rarement, certes, que des batteries prennent feu entraînant parfois la mort des passagers comme ce fut le cas récemment d'une conductrice en France. Vous serez avertis ! J'oubliais un des points les plus importants. Il s'agit de la condition des enfants africains qui extraient souvent avec leurs mains les métaux rares et précieux qui sont des composants des batteries ! Les batteries Li-ion qui équipent les véhicules électriques font appel à des métaux tels que le cobalt, le nickel, le manganèse et le lithium.
https://www.largus.fr/.../voitures-electriques-faut-il...
https://www.largus.fr/.../voitures-electriques-faut-il...

Non aux ateliers LGBT à Strasbourg

L'école publique en danger de mort

Jean-Paul Brighelli, dans son livre "la fabrique du crétin" décrit
magistralement les mécanismes par lesquels le système éducatif
français est passé de l'excellence à la médiocrité ! Collège unique,
"pédagogisme", méthode globale, regroupement familial, laïcité à
géométrie variable... les causes sont nombreuses ...Nos enfants ne
savent plus lire, ni compter, ni penser. Le constat est terrible, et ses
causes moins obscures qu'on ne veut bien le dire. Un
enchaînement de bonnes intentions mal maîtrisées et de calculs
intéressés a délité en une trentaine d'années ce qui fut l'un des
meilleurs systèmes éducatifs au monde ! Tel est le triste constat !
Se reporter au PISA - Le Programme international pour le suivi

des acquis des élèves, qui est un ensemble d'études menées par l'Organisation de coopération et de développement économiques visant à mesurer les performances des systèmes éducatifs des pays membres et non membres -

Mais, aujourd'hui, il y a bien pire car, s'il y a des solutions envisageables pour redresser la barre en matière pédagogique et éducative, il n'en est pas de même lorsqu'il s'agit de redresser les jeunes esprits pervertis par les manoeuvres délétères et amorales d'un courant puissant conduit par les mouvements LGBT !

J'emploie le mot "perverti" à dessein. Un peu d'étymologie ne peut pas faire de mal : XIIe siècle. Emprunté du latin pervertere, « renverser entièrement, bouleverser de fond en comble », lui-même composé du préfixe intensif per- et de vertere, « tourner ». Par extension. Altérer, dénaturer quelque chose. Pervertir l'ordre des choses, l'ordre de la nature. Pervertir un système politique.

Certains oseront invoquer l'inanité de l'argument moral qu'ils imputeront aux influences judéo-chrétiennes; Pour eux, la messe est dite ! Ils ont pour seul critère d'appréciation d'un évènement ou d'une conduite, le plaisir que cela apporte ! La notion de bien ou de mal n'a pas de place dans leur vocabulaire ! Et pourtant, ils seront les premiers à porter plainte contre vous si vous portez atteinte à leurs biens ou à leurs personnes ! ...Et là, pour le coup, ils s'appuieront sur des arguments moraux pour obtenir réparations ! Terrible paradoxe qui n'est en réalité qu'un bel exemple d'hypocrisie !

Lorsque le plaisir n'est que le critère "moral" qui dicte la conduite, cela porte un nom : l'hédonisme ".

En philosophie, l'hédonisme est une doctrine qui fait de la recherche du plaisir et de son intensité le fondement de la morale et le but de vie. Le plaisir est considéré comme le bien le plus important de l'existence humaine, bien au-dessus du bonheur contrairement aux épicuriens .

Ce courant de pensée est apparu en Grèce antique notamment avec

Aristippe de Cyrène (435-356 av JC) et Epicure (341-270 av. JC).
Enfin, n'oublions pas ce que recouvre l'acronyme LGBT :
lesbienne, gays, bisexuels, et transgenres.
Il ne s'agit pas ici de pointer du doigt tel ou tel, ou telle ou telle,
adhérant à une pratique sexuelle particulière, chacun est libre de
ses options, mais là où commence la liberté des uns, s'arrête celle
des autres ! En d'autres termes, j'ai, moi aussi, le droit de porter un
jugement sur la nature de la pratique elle-même. Quant à ceux qui
s'y adonnent, ce n'est pas à moi de les juger.
Il ressort de cela que je m'élève contre la manifestation publique et
outrancière d'une pratique sexuelle qui ne relève que du domaine
privé !! Imaginez que ceux qui sont "hétérosexuels" se mettent à
défiler en le clamant à grand renforts de pancartes colorées ! Je
suis sûr que ce serait titré dans les journaux comme un scandale !
Or, ce qui est scandaleux, c'est d'autoriser ce mouvement à
dispenser dans les écoles une idéologie - une religion ? - qui viole
les règles de la laïcité, alors que l'école de la République est
sensée protéger les enfants de toute ingérence idéologique ou
politique ou religieuse.
Ce faisant, en autorisant ces ateliers, le maire de Bordeaux,
enfreint les lois de la République dont il est le représentant et le
garant !

Billet d'humeur contre l'inhumanité de certains services d'aide à l'enfance

Ma famille a accueilli pendant plusieurs années des enfants de "l'Assistance Publique". J'avais 10 ans . Je savais que ces enfants étaient pour la plupart abandonnés . Moi, j'avais un père, une mère, un frère cadet et une soeur cadette , une famille normale ou régnait l'amour . Nous avons eu ,entre autres, 5 bébés de 3 à 4 mois. 30 biberons de lait Guigoz par jour ! Malheureusement, dès qu'ils étaient bien habitués à nous, ils étaient déplacés car la politique de l'époque voulait qu'ils ne devaient pas s'attacher ! N'importe quel psychologue de 2ème année de fac sait que l'amour permet un développement affectif et même intellectuel ! Mais, là nous avions affaire à des gens qui faisaient preuve d'une insensibilité et d'une dureté de coeur qui me révoltait déjà ! J'ai connu une petite fille qui fut tellement affectée par ces changements autoritaires qu'elle était atteinte d'anorexie mentale! Imaginez, combien avait dû souffrir cette enfant de 9 mois pour développer un tel syndrome !

Heureusement pour elle, j'étais passé expert en maniement du biberon. De la main gauche, je lui pinçais le nez et, lorsqu'elle ouvrait la bouche pour respirer, de la main droite, je pinçais la tétine d'où jaillissait une giclée salvatrice de lait !
Un mois plus tard, nourrie d'amour autant que de lait, elle se jetait sur le biberon ! Manifestement, ces ronds-de-cuir étaient des ignares et n'avaient jamais entendus parler de l'hospitalisme de Spitz dont voici la définition :

Qu'est-ce que le syndrome d'Hospitalisme ?

L'hospitalisme recouvre « l'ensemble des troubles physiques dus à une carence affective par privation de la mère, survenant chez les jeunes enfants placés en institution dans les 18 premiers mois de la vie » (Dr R. Spitz, 1887-1974).
Je constate que, 67 ans plus tard, les choses ont empiré !! Il est facile de se gargariser de termes à la mode comme celui de "résilience". Mais, les premières mesures à prendre devraient permettre d'éviter que ce mot ne soit évoqué car, précisément, il sous-entend toutes les souffrances endurées par les victimes innocentes !!
Honte à tous ceux qui, en robes ou en complets-vestons signent par leurs décisions "iniques" les actes de condamnation de petits innocents qu'on s'étonnera plus tard de retrouver pour certains devant les tribunaux correctionnels ou pire devant les Assises ! Et que dire de ce père qui, non seulement s'est trouvé amputé d'une partie de lui-même par la mort accidentelle de son épouse mais, de surcroît, s'est vu arraché à l'affection de ses 4 petits, chair de sa chair, par la décision inhumaine d'un juge sans coeur et sans âme qui les dispersa dans 4 foyers d'accueil différents !
Je suis meurtri en voyant tant d'injustice et révolté par toutes ces vies brisées ! Peut-être faut-il y voir une des raisons de mon engagement pendant 4 ans comme visiteur de prison où j'ai côtoyé tant de blessés du chemin. Une autre raison se trouve dans l'amour pour eux que Dieu a versé dans mon coeur alors que j'étais âgé de 16 ans. Depuis lors, cet amour christique brûle en moi sans que la flamme ne perde de sa clarté !

Jean-Marc AUSSET 1980

La folie du genre , la folie des hommes

C'est l'Europe qui continue à mener le bal : fini le sexe, tout est pour le genre ! J'ai cru pendant longtemps que l'individu était déterminé sexuellement par ses attributs naturels, et bien, il semble que l'on m'ait trompé pendant 76 ans ! Et pourtant, je peux vous assuré que je n'ai jamais eu de doute sur mon identité sexuelle ! J'en ai même eu la confirmation par le médecin militaire le jour de ma visite précédant mon incorporation pour le Service militaire ! Que la nature nous ait montré qu'il existait des exceptions à la règle nous rappelant qu'il pouvait y avoir des dérèglements physiologiques à leur origine, nul ne peut en disconvenir ! Mais, de là à faire de l'exception la règle pour tous et, de plus, l'inscrire dans la loi, est une attitude qui relève , non plus de la raison face à l'évidence, mais d'une idéologie qui n'a aucun fondement pas plus scientifique qu'éthique ! Par ailleurs, la démocratie est foulée aux pieds lorsque c'est la loi du petit nombre qui prévaut sur celle de la majorité ! On est en droit de s'interroger sur l'origine et la nature des forces obscures qui peuvent conduire nos gouvernants nationaux et européens à décider d'inscrire dans les lois des Etats une telle résolution.
Je vous laisse le soin d'en juger vous-mêmes .

Jean-Marc AUSSET 2024

L'IVG EN QUESTION / LA CONSTITUTION

Notre époque, qui a vu ratifier la mort de Dieu, signée par Friedrich
Nietzsche, dans son livre "le Gai Savoir " en 1882, a effacé tout
repères moraux grâce auxquels, les hommes pouvaient distinguer le
bien du mal. C'est ainsi que le faux prend figure de vrai et que le
mal s'habille des apparats du bien, entraînant tragiquement des
cohortes de jeunes, proies faciles car non aguerries et formatées par
des médias, vecteurs de la pensée unique, dans des comportements
tragiques dont les effets délétères auront tôt fait de se manifester.
C'est ainsi que nos sociétés dites modernes, affranchies du "carcan
réactionnaire" de la morale judéo-chrétienne, et devenues adeptes
affichées du libertinage de la pensée - rationalisme areligieux - et
de la licence des moeurs, se sont trouvées confrontées sans l'avoir
prévu, à un immense paradoxe face auquel elles sont funestement
et terriblement aveugles.

Quel est donc ce paradoxe ?

En premier lieu, les médias ne cessent de clamer à qui veut
l'entendre que notre planète est en danger et qu'il faut, de toute
urgence prendre des mesures pour conserver sa viabilité face au
péril du réchauffement climatique. Ce qui importe, avant tout, c'est
bien la vie sur notre planète bleue ! Préservation de la biodiversité,
conservatoire des espèces animales comme végétales ! Que
n'entend-on pas de la bouche des porte-paroles des associations

qui s'élèvent pour défendre telle ou telle espèce, ou qui manifestent en faveur de telle cause animale ?

Qui pourrait être contre un tel intérêt pour tout ce qui vit et dont la complexité des organismes animaux et végétaux sont une source d'admiration et d'interrogation sur leur auteur ? Alors je dis oui à tous ceux qui défendent la VIE sous toutes ses formes !

Mais, c'est ici que je voudrais présenter et souligner l'immense, criant et funeste paradoxe auquel nous sommes confrontés et particulièrement nos dirigeants politiques en cette période de prise de décision, consistant à inscrire dans la Constitution le droit inaliénable de l'avortement !

En d'autres termes, la France reconnaîtrait que la vie d'un foetus de plus de 10 mois - avant cette durée, il s'agit d'un embryon- n'a pas plus de valeur qu'un oeuf de poule ou qu'une larve de dytique !

Pire, en décidant de sa mort, on le chosifie , on le réifie et on décide de son sort sans autre forme de procès !

On oublie que le foetus, contrairement à l'embryon, présente toutes les caractéristiques de l'espèce humaine qui ne demande que quelques mois de maturation pour donner naissance à un petit d'homme ! Imaginons que les parents de Mozart ou de Pasteur, pour ne citer que ces deux-là, aient décidé de les supprimer, le monde aurait subi une immense perte !

Pire encore, pourquoi les associations contre la souffrance des animaux - transports, élevages intensifs en batteries, laboratoires, abattoirs, corridas etc - qui s'insurgent à juste titre contre toutes ces

maltraitances, pourquoi ne dénoncent-elles pas les techniques
abortives qui font souffrir les foetus sans défense ?

Si, apparemment, ce n'est pas le cas par la technique
médicamenteuse, on peut en douter lorsqu'il s'agit de la technique
chirurgicale qui se fait par aspiration jusqu'à la 14ème semaine.

Le texte officiel dit ceci:

" La technique instrumentale (chirurgicale) consiste en une
aspiration de l'œuf, précédée d'une dilatation du col de l'utérus.
L'ouverture du col utérin peut être facilitée par l'administration d'un
médicament. "

Vous noterez que le législateur a cédé à une facilité sémantique en
utilisant le vocable "oeuf" alors qu'à la 14ème semaine, il s'agit bien
d'un organisme suffisamment développé pour ne pas le confondre
avec celui d'une chauve-souris !!

De fait, user du mot oeuf est une manière de déculpabiliser les
acteurs de cette exécution ! Un oeuf, ce n'est rien alors qu'un foetus,
c'est déjà quelqu'un, même si d'aucuns, sans conscience, pensent
que ce n'est rien !!

Il ressort de tout cela que le retrait de la vie d'un être humain
contrevient à l'éthique et ne saurait se conclure sans dégâts
psychologiques pour la mère, sans parler de la mort d'un être
vivant !

La loi Veil du 17 janvier 1975 autorise l'avortement thérapeutique,
lorsque la vie de la mère est en danger ! Voilà, ce que Simone Veil a
précisé au début de son allocution :

« Je le dis avec toute ma conviction : l'avortement doit rester l'exception, l'ultime recours pour des situations sans issue. Mais comment le tolérer sans qu'il perde ce caractère d'exception, sans que la société paraisse l'encourager ?

Je voudrais tout d'abord vous faire partager une conviction de femme — je m'excuse de le faire devant cette Assemblée presque exclusivement composée d'hommes : aucune femme ne recourt de gaieté de cœur à l'avortement. Il suffit d'écouter les femmes. C'est toujours un drame et cela restera toujours un drame.

C'est pourquoi, si le projet qui vous est présenté tient compte de la situation de fait existante, s'il admet la possibilité d'une interruption de grossesse, c'est pour la contrôler et, autant que possible, en dissuader la femme. »

L'avortement pour convenances personnelles était exclu de la pensée de Simone Veil qui connaissait le prix de la vie, elle qui avait côtoyé les camps de la mort !

En banalisant l'avortement, on lui a attribué une fonction préservative , ce qu'elle n'aura jamais ! Alors que, jamais dans l'histoire humaine on a eu autant de moyens de contraception !

Voilà donc un second paradoxe : Alors que ces moyens sont à la disposition des hommes comme des femmes, jamais on a eu autant recours à l'IVG !!

L'avortement pour convenance personnelle n'a pas sa place dans une République comme celle de la France, qu'il déshonore ! JMA 24

80 ans après l'entreprise d'extermination des Juifs

La SHOAH

et à la mémoire de tous les martyrs persécutés

Parmi tous les génocides qui ont déshonoré à jamais notre orgueilleuse humanité, comme celui des Arméniens par les Turcs, celui des Vietnamiens par PolPot, ce Khmer rouge cambodgien, rouge comme le sang de ses victimes, celui des Tutsis au Rwanda ou encore les massacres organisés par Staline, autre grand criminel, qui n'avait rien à envier à son alter ego, Hitler, le génocide des Juifs, organisé et planifié par les nazis qui furent secondés par les habitants en nombre des pays envahis, véritables complices veules, lâches et vénaux, authentiques complices d'un régime monstrueux qui décida d'exterminer le peuple juif ainsi que les Tziganes, les homosexuels, les malades mentaux, l'intelligentia polonaise et les cadres soviétiques, génocide perpétré par les nazis qui imprimera sur le front de l'espèce humaine, une tâche indélébile qui la discréditera à jamais.

Où sont passées les grandes idées du siècle des Lumières du XVIIIe siècle qui mobilisèrent les plus grandes voix européennes autour des thèmes généreux comme dépasser l'obscurantisme et promouvoir les connaissances ? Un siècle et demi seulement s'est écoulé depuis que cet âge d'or de la pensée, de cette mise à l'honneur de la Raison a alimenté la rationalité des élites pensantes avant de se répandre dans la société !

150 ans, seulement après cette exaltation de la Raison, alors que nous sommes en 1941, nous constatons avec effroi que les échos des grandes voix qui la chantèrent sont comme noyés par les cris de douleurs de ces martyrs, par les ordres gutturaux des SS, par les pleurs des enfants arrachés aux bras de leurs mères déchirées jusqu'aux fond de leurs entrailles, tandis que les hommes étouffent leurs gémissements de douleurs et d'impuissance, subissent les coups de shlagues qui ne cessent jamais leur lugubre ballet funèbre.

Où sont donc passées les voix de Voltaire, de Thomas Jefferson, d'Emmanuel Kant, de Benjamin Franklin, de Denis Diderot, de Montesquieu ou de Condorcet qui animèrent les salons de philosophie de toutes les grandes cours d'Europe ?

Pour l'heure, un seul constat s'impose à l'homme , c'est celui de la démission de la Raison et de ses limites ! C'est aussi celui du mal que chacun porte en soi et qui, libéré des contraintes sociales et psychologiques, surgit dans toute sa noirceur et toute son abjection, révélant ainsi son origine satanique ! Dès lors, il ne fait plus de doute que la raison humaine , face à ce monstrueux échec, ne pourra plus jamais servir de paradigme dans notre représentation du monde comme dans celle de chaque individu ! Alors, face à ce nouvel échiquier qui se présente à une humanité dévaluée, discréditée et marquée au fer rouge de sa folie meurtrière et de l'exaltation de ses plus bas instincts, serait-il encore raisonnable de faire confiance à la Raison portée au rang de déesse ?

Ne serait-il pas plus raisonnable, intelligent de s'interroger sur le créateur de l'univers dont les oeuvres magnifiques se voient comme à l'oeil nu et auquel un grand nombre parmi les plus grands scientifiques, donnèrent le nom de "Dieu" ? Peu importe qu'ils fussent déistes ou théistes, ils avaient compris une vérité fondamentale, aujourd'hui oubliée, à savoir que la racine du mot homme est le mot humus, ce qui implique une attitude d'humilité !

Je voudrais dire au peuple juif en cette triste date anniversaire ainsi qu'au peuple tzigane et aux autres communautés qui ont tant souffert de la méchanceté de leurs "semblables " ma profonde compassion envers vous, les descendants des victimes innocentes ! Soyez assurés que le Dieu d'amour et de justice sera votre soutien, pourvu que vous le Lui demandiez, et que, de surcroît, Il appliquera sa parfaite justice !

Jean-Marc AUSSET le 07 Avril 2021

IL Y A 80 ANS !!

80 ans ! Un nombre symbolique !

Il rappelle la Shoah , mais aussi, à peu d'années près, le débarquement allié sur les plages de France !

Le premier évènement dévoile l'esprit satanique d'un régime bestial pour lequel la vie n'a aucune valeur, de la même veine que celui qui anima les commanditaires des goulags de l'Union soviétique !
Hitler comme Staline démontrent les profondeurs de l'ignominie et de la cruauté jusqu'où peut plonger l'âme humaine qui s'est affranchie de la tutelle de son créateur et de ses lois d'amour et de justice. Le second évènement a eu pour moteur de combattre l'idéologie mortifère nazie et de libérer le peuple français de son oppression . Ce faisant, les alliés entendaient aussi se protéger de l'expansion outre Manche et outre Atlantique d'un régime qui avait des intentions hégémoniques mondiales. Néanmoins, ils sacrifièrent de nombreuses jeunes vies sur l'autel de de la justice, du droit et de la liberté ! Or, tous ces sacrifices ne peuvent être sous-tendus et animés que par l'amour du prochain, ce qui leurs donnent tout leur éclat ! A cause de cela, ces soldats méritent toute notre reconnaissance et notre admiration car ils ont su redonner un nouvel éclat à notre humanité si souvent ternie !
A l'action de ces libérateurs venus de la mer ou des airs,

s'ajoutent les faits d'armes des maquisards sans les renseignements desquels les alliés n'auraient pu réussir leur entreprise ! De même leurs sabotages pour ralentir l'action de l'adversaire ainsi que pour freiner leur retour vers l'Allemagne ! A tous ceux-là qui sont morts pour la patrie, honneur et reconnaissance !

JMA juin 2024

MARCHER, EN NE PENSANT A RIEN

Une nouvelle technique de relaxation mentale

Pendant 16 mois, au Service Militaire, on nous a appris à marcher en ne pensant à rien ! J'ai eu beau essayer de ne penser à rien.. je n'y suis jamais arrivé ! Tout simplement parce que penser à rien, c'est toujours penser à quelque chose ! Alors, quel est "ce quelque chose" ? Et bien, c'est rien ! Mais alors, si c'est rien, c'est que vous ne pensiez pas mais que vous marchiez en ne pensant à rien ! Certes, mais en ne pensant à rien, j'arrivais à la conclusion que rien , c'était bien quelque chose ! D'autant que, je devais en marchant garder le rythme imposé par le caporal ! Je vous le rappelle , il est simple et à la portée - qui n'a rien de musical - de n'importe quel péquin français : un ! deux " un ! deux ! and so on ! Ainsi marcher au pas, ce n'est pas rien surtout répété 20000 fois à 4 h du matin. J'ai bien tout mis en oeuvre pour ne penser à rien mais ne penser à rien, là encore c'est penser à quelque chose et ce quelque chose, ce n'est pas rien puisqu'il faut rester dans la cadence ! En nous faisant marcher ainsi, notre caporal ne doutait de rien ! En réalité, il était sûr d'une chose, c'est que nous finirions par marcher de façon synchronisée, ce qui n'est pas rien ! Il ne doutait de rien, autrement dit, il croyait que nous y arriverions ! Nous marchions comme des robots qui ne pensent à rien, c'est à dire à quelque chose, tandis que notre caporal marchait , comme si de rien n'était, par la foi ! En définitive, rien n'est pas rien! C'est donc quelque chose ! Il m'a fallu 5 heures de marche forcée pour comprendre cette évidence et ça, ce n'est pas n'importe quoi, puisque c'est quelque chose ! Un grand merci à vous qui m'avez suivi jusque là dans mon discours pour ne rien dire ! Un clin d'oeil ému à mon ami Raymond Devos, le maître des mots !

L'idéologie du genre ! Une injure à la raison et à la morale !

Ahurissant ! Impensable ! A l'heure où les élèves savent à peine
écrire et lire, et ne parlons pas de savoir compter, la priorité du
ministre de l'Education Nationale est de leur apprendre la sexualité
et pas n'importe laquelle, tenez-vous bien, celle qui part du principe
que les déterminants ne sont pas biologiques (pénis et vulve) mais
psychologiques !! Ainsi, le garçon qui possède les attributs mâles
pourra se faire appeler "Josette" s'il sent qu'il est une fille, et la fille
pourra se faire appeler "Marcel" pour les mêmes raisons !! Et les
professeurs devront se plier à cette règle sous peine de sanction !!

Cette approche est d'une perversion sans pareille qui fait fi des
évidences offertes par la nature elle-même ! Par ailleurs, il convient
de s'interroger sur la légitimité de l'éducation à la sexualité qui
embrasse le domaine scientifique mais aussi le domaine moral, par
le système scolaire. Ce faisant, l'Etat s'octroie des prérogatives qui
relèvent du champ éducatif parental. C'est leur droit , leur devoir et
leur responsabilité ! Il y a là, des relents nauséabonds de
totalitarisme ! Au siècle dernier, en Russie, une des collaboratrices
de Lénine, Alexandra Kollontaï, politicienne et féministe, voulut
instaurer un Etat-Providence, destiné à se substituer à la famille et à
se charger de l'éducation de l'enfant. Après plusieurs débats, ce
projet fut refusé par le régime communiste !
Et nous, en France, pays des libertés et des droits de l'homme, l'Etat
Français bafoue allègrement ce qui fait l'honneur de notre pays à
savoir, entre autres, notre dignité ! Désormais, le dais noir de la
honte a été tiré sur la terre de France savoir, entre autres, notre
dignité ! Désormais, le dais noir de la honte a été tiré sur la terre de
France

ENCORE L'IDEOLOGIE DU GENRE A L'ECOLE

Auparavant, il y avait l'administration de l'instruction publique dépendant du ministère de l'intérieur de 1790 à 1824. En 1932, création du ministère de l'éducation nationale. L'école est gratuite et ouverte à tous.

Vous aurez noté le changement de nom . Finie l'instruction publique, vive l'éducation nationale ! La mission première de l'école, à savoir l'instruction a subi une profonde modification en devenant l'éducation nationale ! L'Etat s'arroge , non seulement la responsabilité d'instruire, ce qui est légitime, mais de surcroît , prive les parents de celle de leur mission éducative , les jugeant inaptes à assumer cette tâche sacrée ! Il faut dire que l'athéisme ayant gagné du terrain, l'idée de Dieu ayant été expurgée et la laïcité ayant été dévoyée et ayant perdu son sens originel, les valeurs judéo-chrétiennes devaient être éradiquées pour laisser la place aux valeurs libertaires voire immorales sans que personne ne s'en émeuve ! Cette dérive a été accélérée par les lobbies LGBT qui distillent leurs théories délétères allant à contre-courant de ce que l'ordre naturel nous a enseigné depuis des millénaires ! L'Etat a beau jeu de céder à leurs sollicitations en instillant la corruption dès les plus jeunes âges ! Quelle honte et quelle tristesse !

DES PAROLES QUI NE S'ENVOLENT PAS !

Etrange affirmation qui semble contredire l'adage populaire : les paroles s'envolent et les écrits restent !
Encore faut-il bien définir ce que l'on entend par «paroles ».

En l'occurrence, il ne s'agit pas ici de la forme, verbale ou écrite, mais du fond, du contenu, du sens dont ces paroles sont porteuses.
Certaines paroles sont si légères , si dénuées de sens , si frivoles que le moindre souffle de vent les emporte comme feuilles mortes .
D'autres, sont si denses, si riches de sens, si bien enracinées dans un terreau qui exhale la vérité qu'elles résistent à l'épreuve du temps.
Certaines même, par ce qu'elles expriment, semblent défier le temps et portent en elles comme un parfum d'éternité !

Les deux textes qui vous sont présentés sont de cette veine .
Il s'agit des versets qui introduisent respectivement le Psaume 95 et le Psaume 96 que l'on trouvent dans la Bible.

Psaume 95 :

« Venez, chantons avec allégresse à l'Eternel !
Poussons des cris de joie vers le rocher de notre salut !
Allons au devant de Lui avec des louanges,
Faisons retentir des cantiques en son honneur !
Car, l'Eternel est un grand Dieu.
Il est un grand roi au dessus de tous les dieux ! »

Psaume 96 :

« Chantez à l'Eternel un cantique nouveau !
Chantez à l'Eternel, vous tous, habitants de la terre
Chantez à l'Eternel, bénissez son nom,
Annoncez de jour en jour son salut !
Racontez parmi les nations sa gloire,
Parmi les peuples ses merveilles ! »
Y a-t-il dans la littérature des hommes un seul texte qui soit animé d'un tel souffle, d'une telle puissance, d'une telle force de conviction, d'un tel élan et qui offre à ses lecteurs un spectacle et des perspectives aussi grandioses ?

Certes, il vous sera possible de vous émerveiller devant tel ou tel joyau ciselé par la plume experte d'un grand écrivain ou d'un illustre poète, et vous serez peut-être transportés par la beauté des images évoquant la nature dans ce qu'elle peut avoir de délicat comme de majestueux, de paisible ou au contraire de tumultueux, éveillant en vous toute la palette de vos sentiments ; vous serez peut-être aussi bouleversés par l'admirable éloge porté par une grande voix à l'occasion des funérailles d'un personnage de haut rang accompagné jusqu'au Panthéon , et ce sont là des réactions naturelles !

Mais, cependant, vous vous devez de reconnaître qu'une fois ces grandes émotions éteintes , il ne vous reste plus qu'un souvenir appartenant au passé que le temps va se charger d'estomper irrémédiablement.

C'est qu'en effet, aussi admirables soient ces textes, aussi émouvants soient ces discours, ils ne font que décrire des objets, animés ou inanimés, qui participent d'un monde qui passe et qui meurt, nous renvoyant tragiquement à notre condition humaine stigmatisée par son éphémèrité !

Ainsi s'éteint le souffle qui portait aux nues, création et créature, dans un inéluctable retour à ses origines, la terre, terme de toutes les espérances et de toutes les illusions !

Mais, revenez aux Psaumes dont nous avons lu les premiers versets et vous y découvrirez les raisons profondes qui en font des textes exceptionnels !

Ici, point de tristesse , point de frayeur, point de regrets stériles, point de larmes vraies ou fausses, point de visages compassés, point d'émotions fugaces ni de sentiments labiles !
Point non plus de repliement sur soi dans la douleur et la souffrance, pas plus que de jouissance savourée dans le cercle étriqué de l'intimité de son moi égoïste !

Ici, tout se conjugue au pluriel dans une communion d'allégresse qui se nourrit de la joie de l'autre, pour aller en s'amplifiant dans un mouvement ascendant qui part de la terre pour monter jusqu'aux cieux !
Mais, à quoi ou à qui devons-nous un tel enthousiasme ?

D'où vient cette force d'attraction qui provoque ainsi une telle mobilisation ?
En quel lieu mystérieux, à quelle source aussi vivifiante, le psalmiste est-il allé puisé son inspiration pour oser proclamer une convocation aussi universelle ?

Invoque-t-il la grandeur, l'intelligence ou la puissance d'un homme porté au rang de demi dieu à l'image des vainqueurs romains promus à l'apothéose ?

Ou mieux encore, fait-il référence au démiurge de Platon qui, dans sa Timée, est présenté comme une intelligence pure ordonnatrice du cosmos ? Nullement !

Invoque-t-il les éléments naturels comme autant d'entités supraterrestres ou de divinités immanentes susceptibles de justifier un tel engouement ?

Nullement ! Car, en effet, le regard du psalmiste est attiré par un personnage infiniment plus haut placé dont la stature et le pouvoir échappent à toute conception humaine . Il s'agit, rien moins que du grand Roi qui règne au-dessus de tous les dieux !

Mieux encore ! Il porte le nom glorieux d'Eternel, le grand Dieu qui habite dans les cieux .
Mieux encore ! Il nous est présenté comme le Dieu créateur.
Mieux encore ! Il est appelé le rocher de notre salut.

Dès lors, nous comprenons mieux la richesse des résonances dont vibrent ces textes qui ont traversé les siècles pour nous atteindre , aujourd'hui .

Plus que cela encore, elles savent faire vibrer les cordes de nos cœurs, naturellement sensibles à la dimension de l'éternité.

Et, c'est bien parce que l'Eternel-Dieu a mis en chacun la notion de l'éternité que l'image du « rocher de notre salut » appelé aussi « le rocher des siècles » prend encore plus de relief.
Or, voici que ce « rocher du salut » que le psalmiste évoque avec tant de flamme, rappelant implicitement les actions salvatrices de l'Eternel en faveur d'Israël, son peuple, voici qu'il se présente devant nous sous les traits d'un personnage hors du commun, ceux-là mêmes de Jésus-Christ , le Fils de Dieu, devenu fils de l'homme pour le salut des hommes.
C'est ce Jésus qui nous a laissé ces paroles que nul autre ici-bas n'a osé prononcer :

« si quelqu'un a soif, qu'il vienne à moi et qu'il boive. Celui qui croit en moi, des fleuves d'eaux vives couleront de son sein. » (Evangile de Jean ch 7v38 cf Esaïe ch 12v3 et ch 55v1)

L'apôtre Paul, s'adressant aux chrétiens de Corinthe (1Cor ch10v1à4) affirme la préexistence de Jésus-Christ en le présentant de manière métaphorique comme le « rocher spirituel » qui suivait son peuple dans le désert pour le désaltérer :

« nos pères ont bu dans le désert le même breuvage spirituel, car ils buvaient à un rocher spirituel qui les suivait et ce rocher, était Christ . »

Que dire de plus, sinon que, forts de ce que nous connaissons de la grâce de Dieu, manifestée en Jésus-Christ, mort pour le rachat de nos fautes et ressuscité pour notre justification , toutes choses que le psalmiste ne faisait qu'entrevoir, nous ne pouvons que nous laisser porter par le même souffle d'en-haut dans une louange jaillie de nos cœurs débordants d'une reconnaissance éternelle.
Alors, mes amis, venez, chantons avec allégresse à l'Eternel !

Poussons des cris de joie vers le rocher de notre salut !
Racontons parmi les nations sa gloire, Parmi les
peuples ses merveilles !

J-M   Ausset, le 15/11/2009

SIMPLES PAROLES D'HOMME ? A vous de juger !

Nombreux sont les hommes dont le nom est resté gravé dans le annales de l'humanité soit en raison des vertus de leur vie, soit de la bassesse de leurs actes : hommes d'Etat, poètes, militaires, politiciens, écrivains, musiciens ou philosophes qui ont laissé des traces de leur passage ici-bas, mais que le temps a érodé ou recouvert du limon de l'oubli.

Seuls témoins de leur notoriété passée, quelques-unes de leurs paroles rendues célèbres leur subsistent encore par la symbolique qu'elles véhiculent.

- C'est le « tu quoque, mi fili » toi aussi, mon fils , qui exprime toute la douleur de César lorsqu'il aperçoit au nombre de ses assassins , Brutus, son fils adoptif.
- C'est le « euréka » d'Archimède qui exprime sa joie lorsqu'il découvre, soudain, dans son bain , la loi de la poussée éponyme , sur les corps plongés dans l'eau.
- C'est le cri d'orgueil de César : « veni, vidi, vici » , je suis venu, j'ai vu, j'ai vaincu , qu'il adresse au Sénat pour dire la rapidité de sa victoire sur Pharnace, le roi du Pont.
- C'est cette parole présomptueuse du poète latin Horace qui dit au 1° siècle de notre ère : « je ne mourrai pas tout entier car mon œuvre me survivra ».
- C'est le cri d'amertume de Cicéron qui s'élève contre la perversité des hommes de son temps : « o tempora, o mores, » o, temps, o, mœurs !
–   C'est ce cri de fol orgueil que jette à la face du monde, Néron, au moment où il va être égorgé : « qualix artifex pereo ! » quel grand artiste périt avec moi !
–

La liste serait longue de tous ceux dont les paroles ont eu, en leur temps, leur place dans le langage courant !

Mais, qu'en est-il aujourd'hui des « alea, jacta est » , le sort en est jeté , prononcé par César devant le Rubicon, ou des « j'y suis, j'y reste » de Mac Mahon ?

Des mots, rien que des mots dont seuls les dictionnaires spécialisés portent la trace !
Et que dire de ceux qui les ont prononcés ?!
Qui donc se souvient de César, d'Archimède,d'Horace , de Néron ou de Cicéron , sinon une poignée d'étudiants, de professeurs de lettres classiques de préférence ou d'histoire , pour lesquels ils constituent un passage obligé ?

Quel impact, ces grands hommes, ont-ils dans le quotidien de nos contemporains ?

Mais voici que, défiant les outrages du temps et les contingences de l'espace, se fait entendre une déclaration inouïe : « les cieux et la terre passeront, mais mes paroles ne passeront pas ! » (Evangile de Matthieu ch24v35).

Qui donc a osé prononcer de telles paroles qui défient la raison humaine ?
C'est celui-là même qui, à Jérusalem, lors de son interrogatoire par le souverain sacrificateur, chef des autorités religieuses juives qui lui demandait : « je t'adjure par le Dieu vivant de nous dire si tu es le Christ, le Fils de Dieu ! » répondit : « tu l'as dit ! »
.
Une telle affirmation qui ne pouvait conduire son locuteur qu'à une condamnation certaine, porte en elle le sceau de la vérité et de la sincérité .
C'est ce Jésus, le Christ, le Fils de Dieu, dont la mémoire n'a été effacée ni par le temps ni par les calomnies, que je

vous invite à rencontrer et à découvrir au travers de ces quelques lignes.

Sa résurrection, qui est l'événement le plus marquant et le plus glorieux de toute l'histoire humaine, marque du sceau de la vérité et de l'authenticité, l'ensemble de ses paroles et de ses discours .

Son message d'amour a bouleversé des vies, transformé et transcendé des existences chétives et, aujourd'hui encore, il poursuit partout sur cette terre son œuvre de salut !

Ni empereur, ni général, ni philosophe, ni mathématicien mais simple fils de charpentier de la bourgade de Nazareth, son nom brille encore en lettres de feu car, Jésus-Christ, est aussi le Fils de Dieu !

« Jamais homme n'a parlé comme cet homme ! » (Evangile de Jean ch7v46) ainsi s'exprimèrent les huissiers devant les sacrificateurs, témoins directs de sa crucifixion .
Mais, quelles furent donc ces paroles qui suscitèrent telle appréciation ?

Ecoutez seulement celui qui les a prononcées et jugez-en vous-mêmes !

Evangile de Jean ch 14 v 6 :

« Je suis le chemin, la vérité, la vie. Nul ne vient au Père que par moi ! » (le Père désigne ici Dieu)

Evangile de Jean ch 11 v 25 :

« Je suis la résurrection et la vie. Celui qui croit en moi vivra, quand même il serait mort ! »

Ces paroles portent en elles un ferment de révolution tant elles bouleversent nos critères de jugements et nos schémas de pensées !

Mais, il s'agit ici d'une révolution spirituelle dont le concept est étranger à nos modes traditionnels de classification des phénomènes psychologiques et physiques.

Et, cependant, force nous est de constater qu'il s'agit aussi d'une réalité dont peuvent témoigner tous ceux et toutes celles qui en ont fait l'expérience au cours des âges et qui peuvent décrire les changements intérieurs qu'ils ont vécus lorsqu'ils ont accepté cette parole comme véridique et digne de foi .

Ces paroles du Christ interpellent tous ceux qui les entendent en raison même de leur densité et de leur caractère extra-ordinaire .

Nul autre que le Fils de Dieu lui-même, ne pouvait en être l'auteur, tant leur portée dépasse ce que l'homme le plus inventif et le plus hardi est capable de concevoir.

Les textes évoqués, parlant de résurrection et de vie, laissent éclater la grandeur et la gloire du Fils de Dieu, en même temps que sa puissance, victorieuse de la mort même.

Cependant, la grandeur de Jésus-Christ prend toute sa mesure lorsqu'il évoque sa propre mort sacrificielle.

Matthieu 20v26 :

" le fils de l'homme est venu, non pour être servi, mais pour servir et donner sa vie comme rançon de plusieurs.. »

Jean 15 v12 :

« Il n'y a pas de plus grand amour que de donner sa vie pour ses amis. Vous êtes mes amis si vous faites ce que je vous commande. »
A n'en pas douter, si vous avez poursuivi votre lecture jusqu'à cette ligne, c'est que Jésus-Christ, par ses paroles, a su retenir votre attention .
Je vous invite à mieux le connaître en le découvrant au travers de ses biographies que nous livrent le Nouveau Testament .

Une dernière de ses paroles qui ne devrait pas vous laisser indifférents est tirée de l'Evangile de Jean ch 3 v 16 :

" Car Dieu a tellement aimé le monde, qu'Il a donné son Fils unique, afin que quiconque croit, ne périsse pas mais qu'il ait la vie éternelle. »

Simples paroles d'hommes ? A vous de juger .

Jean-Marc AUSSET , le 28 octobre 2009

NON AUX SPECTACLES « DRAG QUEEN » POUR PETITS

Quand je vous disais que notre monde va à vau-l'eau ! Tous les détraqués ne sont pas dans un asile !
On assiste au développement d'une idéologie qui bouscule toute les lois naturelles , culturelles, physiologiques et psychologiques !

Alors même que l'égoïsme et l'individualisme semblent guider la vie de nombre de nos concitoyens, voici que surgit un immense paradoxe, celui d'une idéologie envahissante, se prétendant universaliste et qui, avec l'appui de tous les médias, s'empare de la pensée de notre peuple, y imprime sa marque, ostracise ceux qui ne partagent pas cette évolution funeste, les traitant de réactionnaires, de conservateurs, de demeurés et d'autres qualificatifs déshonorants !
Le projet woke s'inscrit dans une perspective de déconstruction de tous les fondements de notre civilisation en vue de construire un monde nouveau affranchi de toutes les règles morales et spirituelles et même, des règles anatomo-physiologiques, suprême indice d'un dysfonctionnement de cerveau guidé par le libertinage, la luxure, la cupidité, l'hédonisme ! L'homme post-moderne de notre pays, qui sur tous les plans, économique, culturel, sociétal, scolaire, universitaire, sanitaire, industriel et spirituel, se délite et s'appauvrit laissant apparaître un nouvel homme animalisé voire bestialisé dont la rationalité plonge ses racines dans ses plus bas instincts !
Seul un retour salutaire à la Bible qui est "Parole de Dieu" peut

élever les regards vers le grand Dieu créateur !

JM Ausset Avril 2024

NON A Une MAISON DE LA FIERTE AUX JEUX OLYMPIQUES

Déjà que le sport a été dénaturé et corrompu par l'argent,
voici que maintenant, s'ajoute à ce facteur de décadence, le
sexe ! On aura tout vu ! Il y a 50 ans, on faisait disserter les
élèves-professeurs d'EPS, dans les Creps, sur le thème de
"l'amateurisme marron car on avait compris que le mot
"sport" qui portait les valeurs de gratuité de l'effort et de
fair-play risquait d'y perdre son âme ! Voilà qui est chose
faite ! Réjouissez-vous, hommes sans foi ni loi , vous pensez
avoir gagné mais en réalité vous avez perdu toute dignité !

JM Ausset 2024

DOCUMENTAIRE SUR LES VIOLENCES SEXUELLES

VOLONTAIRES DU HAMAS

Scream before Silence

Même si l'horreur est indescriptible car "horrible", c'est un devoir in
contournable d'en révéler les auteurs en faisant témoigner les
victimes qui ont survécu . La vérité doit éclater un jour et la cacher
ou la travestir, constitue une faute grave qui entache, une fois de
plus, la conscience des "Hommes" . Par delà le viol physique et
psychologique de ces jeunes femmes qui ressentiront cette infame
souillure dans leur corps et dans leur âme, ce serait comme un viol
de leur conscience que de nier ce qu'elles décrivent des sévices
qu'elles ont subis.. Puisse le Dieu de miséricorde, le Grand Médecin
des âmes leur apporter, par son Esprit-Saint, le baume qui restaure
l'âme et la console ! Amen !

JMA 2024

AGRESSION D' UN PROFESSEUR AU COLLEGE

gifles et menaces de mort d'un élève de 14 ans envers sa professeure !

Surtout, faire le moins de bruit possible sur cette affaire comme sur beaucoup d'autres dont la presse ne se fait pas les échos ! Comprenez-moi bien, il est tellement naturel, aujourd'hui, que les élèves fassent la loi dans les écoles, que l'on ne s'offusque pas qu'un "morveux" de 14 ans gifle 4 fois de suite un professeur de l'Education Nationale. Mais, attention, si l'inverse se produit, soyez assurés, mes amis, que le-dit professeur sera jugé en correctionnelle et que, dans l'heure de son méfait, il sera amené comme un voyou, devant les élèves, au commissariat, menottes aux poignets ! Ne riez pas, certains de mes collègues ont vécu cette situation humiliante ! Mais, imaginons, qu'un professeur menace de mort un élève pour une attitude inacceptable, alors là, c'est l'exclusion de l'Education Nationale sans autre forme de procès !

JMA 2024

La France décadente

Nous assistons depuis une cinquantaine d'années à un processus de décadence qui n'épargne aucun domaine de la vie de notre pays ! Détailler chacun d'entre eux demanderait de trop longs développements et ferait courir le risque d'être poursuivi en justice en raison de la police de la pensée unique qui ne supporte pas qu'un citoyen français exprime des opinions différentes de ce que nos "élites politisées" présentent comme des vérités quasi scientifiques !! Par parenthèse, ce sont ces mêmes élites auto-proclamées qui ont évacué de leur logiciel d'éthique toute notion de bien et de mal laissant grande ouverte la porte au libertinage comportemental . Et, ils s'étonnent "pudiquement" mais non sans hypocrisie, des dérives qui infectent non seulement les adolescents mais aussi les enfants ! Nous assistons aujourd'hui à des horreurs qui signent la barbarisation de notre société à commencer par nos petits. ! Bref, le vieil enseignant que je fus est effrayé de ce qu'il voit et entend. J'ai beaucoup de compassion (lat: souffrir avec) pour mes jeunes collègues , lesquels ne sont pas formés pour être dresseurs de cirque !

JMA 2024

II) Poèmes et paroles de chants

HOMMAGE A CEUX QUI SEMENT

chant

Le soleil se levait dans l'horizon brumeux,
Un semeur avançait à pas lents.
Courbé sous son fardeau mais la joie plein les yeux,
Vers son champ, il chemine en chantant.

Refrain :

Sème, semeur, ne t'arrête pas,
Dans la bonne terre, le grain ne meurt pas.
Le germe de la vie dans la graine, cachée,
Sortira de la nuit de ton sol labouré.

D'un geste mesuré, le semeur à l'ouvrage,
Répand autour de lui, au rythme de ses pas,
Dans le cœur des sillons, ouverts à ses passages,
La semence de vie qui demain éclora.

Refrain
Sème, semeur, ne t'arrête pas,
Dans la bonne terre, le grain ne meurt pas.
Le germe de la vie dans la graine, cachée,
Sortira de la nuit de ton sol labouré.

Son geste généreux n'épargne aucun espace :

Le chemin, la rocaille et même les buissons ;
Mais, les oiseaux du ciel, le soleil et les ronces
Réduisent à néant la promesse de grâce.

REFRAIN

Sème, semeur, ne t'arrête pas,
Dans la bonne terre, le grain ne meurt pas.
Le germe de la vie dans la graine, cachée,
Sortira de la nuit de ton sol labouré.

Comme le grain de blé, la Parole de vie
Dans le cœur des humains, par l'Esprit est semée,
Semence de pardon, d'amour, de vérité,
Manne offerte par grâce, lumière dans la nuit.

Refrain

Sème, semeur, ne t'arrête pas,
Dans la bonne terre, le grain ne meurt pas.
Le germe de la vie dans la graine, cachée,
Sortira de la nuit de ton sol labouré.
Laisse ton cœur s'ouvrir au soc du Dieu d'amour,
Arracher les épines, enlever les cailloux,
Briser l'orgueil farouche et ses rêves trompeurs,
Pour que grandisse en toi la graine du bonheur.

Refrain

Sème, semeur, ne t'arrête pas,
Dans la bonne terre, le grain ne meurt pas.
Le germe de la vie dans la graine, cachée,
Sortira de la nuit de ton sol labouré.

Jean-Marc AUSSET, Nantes 1980

LORSQUE TU ES DANS LA PEINE...

CHANT

1) Lorsque tu es dans la peine, que dans ton cœur il fait noir,
Que ton âme est dans les chaînes, les chaînes du désespoir,
Que tu cries dans la nuit, que tu cognes sur les murs ..

Refrain :

Il y a quelqu'un qui entend ta voix,
Il y a quelqu'un qui te tends les bras,
Quelqu'un qui t'aime et connaît tes pourquoi,
Qui te comprend et se tient près de toi.

2) Quand tu frappes chez des amis, à midi ou à minuit,
Tu comptes sur leur soutien car tu crois qu'ils t'aiment bien ;
Mais leurs portes sont fermées, en vain tu as appelé !

Refrain:

3) Il a porté tes blessures, ton fardeau, tes meurtrissures,
Lui aussi fut rejeté et sur une croix, cloué,
Pour qu'un jour, tu puisses dire, j'ai trouvé la joie de vivre !

Va vers Jésus qui entend ta voix,
Va vers Jésus qui te tend les bras,
Va, car Il t'aime et connaît tes pourquoi.
Il te comprend et se tient près de toi.

Jean-Marc AUSSET Nantes 1979

AU FIL DU PINCEAU ....

L' âme se voile et se dévoile ,
S'exprime et se réprime,
Se cache derrière une ombre ou
S'expose dans un rai de lumière .

Tour à tour expression ou impression ,
Elle emprunte les chemins du réel ou de l'imaginaire.
Monochrome ou polychrome ,
En noir et blanc ou en couleurs ,
Elle joue avec les formes au gré de ses humeurs ,
Au fil de son pinceau...

Beauté subtile d'un art où se répondent et s'interpellent
Dans une partie sans fin de cache-cache ,
L'inconscient et le conscient ,
L'objectif et le subjectif ,
Le réel et l'imaginaire.

M AUSSET , le 21 mars 2009

PEUR SUR LA CITE :

Comme peaux de tambours battues par la tempête,
Vibrant des mille coups de baguettes de pluie,
Les toitures résonnent en pleurant sur nos têtes
Laissant couler des larmes de tristesse et d'ennui.

Pareil au dais funèbre étendu sur Sommières
Le ciel noir et épais a voilé le soleil,
Comme sous un linceul déposé sur la pierre,
La cité a perdu l'éclat de ses merveilles.

Tel un prince étranger aux misères du peuple
Attirant sur ses flots le regard des manants,
Effrayant et grandiose, le Vidourle s'étend,
Elargissant son lit jusqu'au pied des immeubles.

L'angoisse étreint les uns, l'espoir nourrit les autres,
Les vieux aux yeux mouillés des pertes advenues,
Racontent en détails les invasions vécues
Comme autant de combats dont ils seraient apôtres.

Jean-Marc AUSSET, Sommières 1986
à la veille d'une vidourlade (inondation)

OÛ VA L'HUMANITE ?

Chant

1) Regarde autour de toi, n'es-tu pas effrayé ?
Partout on se massacre pour de grandes idées .
On tue, on viole, on pille, on vole, on se déchire !
Le mal a pénétré jusqu'à l'air qu'on respire .

Refrain :

Ami, je vous demande, à vous qui m'écoutez,
Où court ainsi le monde, où va l'humanité ?
Dans quel obscur abîme, courent-ils se jeter ?
Ami, veux-tu les suivre dans leur course effrénée ?

2) Regarde près de toi, ouvre bien grand les yeux,
N'y vois-tu pas la haine et son cortège hideux ?
Jalousie, convoitise, orgueil et arrogance,
Injustice et misère ou bien indifférence !

Refrain :

3) Ami, regarde en toi avec honnêteté.
Finis les faux-fuyants et les chassés-croisés ;
Tu n'es pas différent des hommes de ta race,
Par des chemins divers, tu suis la même trace .

Refrain :
4) Ami, je vous demande, à vous qui m'écoutez,
Où court ainsi le monde, où va l'humanité ?
Dans quel obscur abîme courent-ils se jeter ?
Ami, veux-tu les suivre dans leur course effrénée ?

Jean-Marc AUSSET Nantes 1978

UNE RENCONTRE HORS NORME A NE PAS MANQUER

Chant

1) Sur le parvis du temple, des Juifs étaient assis,
A l'écoute d'un maître, appelé Jésus-Christ.
D'un royaume nouveau, il les entretenait
Leur parlant de pardon, d'amour, de vérité.

Refrain :

Ecoute donc, ô homme, toi qui est tourmenté
Vers toi je suis venu , par ton Dieu, envoyé.
Sur les chemins de vie, je voudrais te guider
Afin que tu me suives vers un monde apaisé.

2) La foule est étonnée de tant d'autorité.
Quel est donc ce prophète qui clame avec clarté
Par sa vie, par ses actes, par son humilité
La venue d'un royaume où règnerait la paix ?

Refrain :

3) De son regard lucide, il lit au fond des cœurs.
Il démasque les vices et leurs charmes trompeurs.
Il confond l'hypocrite, il discerne le faux.
Il t'invite à le suivre vers un monde nouveau.

Refrain :

4) Si tu as faim et soif d'amour, de vérité,
Si ton cœur est avide de paix, de pureté,
Alors, ne tarde pas, tends les bras vers celui
Qui , par amour pour toi, sacrifia sa vie.

Refrain :
Ecoute donc, ô homme, toi qui est tourmenté
Vers toi je suis venu , par ton Dieu, envoyé.
Sur les chemins de vie, je voudrais te guider
Afin que tu me suives vers un monde apaisé

JM Ausset 1979

n

LE JOUR OU NOS CHEMINS SE SONT CROISES

Le Seigneur m'a placé, humblement sur ta voie
Où seul tu cheminais à l'écart de sa croix.
Répondant aux appels de ton âme angoissée,
Vers toi, Il envoya un pécheur pardonné.

Poussé par son amour, touché par ta détresse,
C'est souffrant avec toi, uni dans ta faiblesse,
Ne comptant que sur Dieu et son intervention,
Que j'apportai, ému, réponse à tes questions.

L'Esprit Saint, arrosant la semence jetée,
Fit germer dans ton cœur la fleur de vérité.
Soudain, comme un éclair qui déchire la nuit,
La lumière jaillit chassant l'ombre qui fuit.

Le ciel est en émoi, les anges applaudissent
Au miracle de vie qu'ils observent, émus,
Tandis que la nature semble offrir au novice
Ce qu'elle a de plus beau, signe de bienvenue.

Finies les nuits d'angoisse et d'interrogation,
Désormais, devant toi, s'offre la vision
Du chemin lumineux ouvert par ton Sauveur
Qui t'invite à le suivre, libre de toute peur.

Jean-Marc AUSSET Nantes, 1978

ESPOIR DE VIE DANS LES TENEBRES

Lorsque le soleil perce à travers les nuages
Dissipant la grisaille d'un jour morne et sans joie,
Tout s'éveille, prend vie et change de visage
Comme animé soudain par de magiques doigts.

Ainsi vaquait le monde à ses besognes vides,
Poursuivant ses chimères aux visages fuyants
Cherchant à disperser ses ténèbres morbides
Par les flashs éphémères de ses néons dansants.

Philosophes, penseurs, politiciens, artistes
Aux pourquoi lancinants ont essayé en vain
D'apporter leur réponse, de tracer une piste
A ce monde assoiffé et qui se meurt de faim.

Seul le soleil de Dieu, dans cette taie épaisse
S'est frayé un chemin vers l'homme agonisant ;
Dans l'ombre de l'humain, le Fils de Dieu s'abaisse
Et d'un regard d'amour, ranime le mourant.

Au souffle de sa voix, l'âme humaine frémit,
Comme s'irise l'onde par le vent effleurée ;
Comme s'ouvre la fleur aux rayons de midi
La voici qui revit de se savoir aimée.

O, douceur de la grâce, parfum de vérité,
En Jésus, Fils de Dieu, vous êtes incarnées :
Pain qui nous vient des cieux, manne qui rassasie,
Vous seules avez touché nos âmes alanguies.

JM Ausset Nantes 1978

LE SOUFFLE DE L'ESPRIT

Vent de tempête ébouriffant les arbres,
Rugissant dans les branches écartelées,
Sifflements déchirants comme un orgue en folie,
La nature apeurée s'enfouit sous ses décombres.

Doux zéphyr dont le souffle est comme une caresse,
Effleurant tendrement les hampes des iris,
Murmures apaisants comme mots de tendresse,
La nature s'endort, bercée dans l'harmonie.

Ainsi souffle l'Esprit, parlant à l'âme humaine,
Tantôt avec puissance, tantôt avec douceur,
Sonnant comme trompettes ou susurrant au cœur,
Il ébranle les rocs, rassure ceux qui peinent.

Si du vent de l'Esprit, tu as senti le souffle,
Si ton cœur endurci a perçu sa puissance,
Si ton âme assoiffée a goûté sa présence,
Libère-toi sur lui de tout ce qui t'étouffe.

Jean-Marc Ausset, septembre 2013

TEMPÊTE APAISÉE

Se peut-il qu'au delà de ce nuage noir
Que le vent de l'épreuve a tissé sur mon ciel
Le Fils du Tout-Puissant en qui seul j'ai espoir
Ait pu m'abandonner, repoussant mes appels ?

Dans mon coeur, l'ouragan semble avoir balayé
Toutes mes certitudes, tous mes points de repère.
Comme le bateau fou sur la mer déchaînée
Mon âme est ballotée par les vents de la terre.

Mistral du désespoir, tramontane du doute
Ont soulevé en moi des vagues d'amertume
Dont les embruns opaques ont obscurci ma route
Tandis que, déchiré, je roule dans l'écume.

L'angoisse me saisit, montant comme une houle.
Un abîme de craintes s'ouvre devant mes pas.
Seigneur, ne vois-tu pas qu'en cet instant je coule ?
Où donc es-tu allé, pourquoi n'es-tu pas là ?

Je suis là près de toi, regarde à tes côtés !

Sans cesse mon regard sur toi reste posé.

Aveuglé par tes larmes, tu ne pouvais me voir

Mais j'étais bien présent au fond de ta nuit noire.

Mon enfant, ne crains rien, mets ta main dans la mienne.

Si ton fardeau est lourd, laisse-moi m'en charger.

Tout participe au bien de celui que Dieu aime.

Ce que Dieu veut pour toi : que sa grâce soit tienne.

JMA   1986

COMBATTRE POUR LA PAIX :

1° COUPLET :

De tous temps, dans tous les pays
Des hommes meurent dans la nuit.
Le jour est là, c'est la tragédie,
On entend des cris d'agonie !

REFRAIN : LES HOMMES PARLENT DE PAIX...

2° COUPLET :

Pour de l'argent ou pour la puissance
Les fusils entrent dans la danse.
Des innocents sont au premier rang,
Ils vont bientôt perdre leur sang.

REFRAIN : les hommes parlent de paix...

3° COUPLET :

Des enfants, pleurant sur leur père,
Apprennent ce qu'est la misère.
Dans les rues, cherchant leur chemin
Ils pleurent sur leurs lendemains.

REFRAIN : LES HOMMES PARLENT DE PAIX.....

4° COUPLET :

Tant que tous les hommes vivront pour eux-mêmes,
Seront guidés par leurs passions,
Dans tous les pays, dans tous les foyers,
Jamais ne règnera la paix !

REFRAIN :

Aimez-vous les uns les autres,
Par Jésus-Christ, le Sauveur.
Jésus-Christ donne sa paix.
Elle demeure à jamais.

Jean-Marc AUSSET 1980

CHANTE ALLELUIA, VIVE LA VIE !

REFRAIN :

Chante alléluia , mon ami,

Chante alléluia, vive la vie !

La nuit s'éclaire, le soleil luit,

L'hiver s'efface, le printemps sourit .

1° COUPLET :

Regarde le ciel, l'horizon vermeil,

Pas un seul nuage n'annonce d'orage,

Et les hirondelles qui, à tire d'ailes,

Proclament aux vents la bonne nouvelle.

REFRAIN : CHANTE ALLÉLUIA, MON AMI ..

2°COUPLET:

Regarde la terre qui, partout, s'éveille

Aux rayons dansants de l'astre brillant.

Les arbres en fête, redressent leurs têtes,

Le blé dans les champs se fait chatoyant.

REFRAIN : CHANTE ALLÉLUIA, MON AMI...

3° COUPLET:

L'aveugle, étonné, n'en croit pas ses yeux,

Devant lui s'élance son ami boiteux,

A qui veut l'entendre, chantant à tue-tête,

Le muet proclame : « venez à la fête ! »

REFRAIN : CHANTE ALLÉLUIA, MON AMI...

4° COUPLET:

Laisse ta canne et ton grabat,

Jette ta sébile et cours vers ton roi.

Ses mains percées se tendent vers toi,

De ta misère, il sonne le glas !

REFRAIN : chante alléluia, mon ami...

5° COUPLET:

Il est la lumière qui t'éclairera,

Il est le chemin qui te conduira,

Il est la vérité qui t'affranchira,

La vie éternelle qui te comblera.

REFRAIN :

Chante alléluia, mon ami,

Chante alléluia, vive la vie.

La nuit s'éclaire, le soleil luit,

L'hiver s'efface, le printemps sourit.

JM AUSSET Nantes 1980

LE TEMPS S'ENFUIT :

Ami, lève les yeux,
Regarde les nuages
Lents et majestueux,
Venus je ne sais d'où
Allant je ne sais où,
Traversant les espaces
Ils égrènent le temps
De leurs chapelets blancs.

Ami, tends donc l'oreille
Ecoute ces sons clairs
Bondissant d'arbre en arbre,
Trilles incomparables,
Gazouillis sans pareils,
Charmes du rossignol
Qui découpent le temps
En arabesques folles.

Ami, plonge ta main
Dans l'onde qui s'écoule
Et s'enfuit sous tes doigts.
Chacune de ses gouttes
Est comme une seconde,
Elle court dans le temps
Comme elle court dans l'onde

Et tu ne peux la retenir !

Ami, le temps s'enfuit !

Le nuage est déjà parti !

Les chants d'oiseau se sont éteints !

Le fleuve a gagné la mer !

Ainsi en est-il de ta vie.

Tel un souffle, elle passe

Et rien ne peut la retenir.

Mon ami, prends donc le temps d'écouter et de faire
tiennes ces paroles du Christ :

« Je suis le Chemin, la Vérité, la Vie. »   Evangile de Jean ch
14 v 5

.

« En vérité, en vérité, je vous le dis, celui qui croit en moi, a
la vie

éternelle . »   Evangile de Jean ch 6 v 47.

Si tu crois cela, alors tu es heureux !

Jean-Marc AUSSET   Novembre 1978

SUR LES CHEMINS DE LA VIE :

1° COUPLET :

Sur les chemins de la vie
Qui s'ouvrent devant mes pas,
J'ai besoin d'un sûr ami
Qui ne m'abandonne pas .

REFRAIN :

Avec Jésus, pas de doute,
Il sera toujours sur ma route,
Sur Lui je pourrai compter
Jusque dans l'éternité (ter)

2° COUPLET :

A Jérusalem, Il mourut
Sur la croix, au mont Golgotha.ma place Il fut cloué
Pour que je vive à jamais.

REFRAIN :

3° COUPLET :

Désormais, je le chanterai,
Je proclamerai ses bienfaits,
Car Jésus-Christ est mon Sauveur,
En Lui j'ai trouvé le bonheur.

REFRAIN :

Avec Jésus, pas de doute
Il sera toujours sur ma route,
Sur Lui je pourrai compter
Jusque dans l'éternité.

Jean-Marc AUSSET   1980

TRAJECTOIRE DE VIE ...

1) Dans ma misère, j'errais sur cette terre

Cherchant partout le bonheur comme un fou :

Dans la peinture, le sport et la voiture ,

J'essayais de trouver un peu de liberté .

REF :   Je m'suis donné à fond,

Livré à corps perdu,

Pour trouver le bonheur

J'y ai mis tout mon cœur !

2) Avec ma voiture, j'partais à l'aventure,

Cherchant dans la vitesse à cacher ma faiblesse ;

J'écoutais d'la musique, celle qui rend hystérique,

Croyant trouver la clé de ce bonheur caché .

REF :   Je m'suis donné à fond,

Livré à corps perdu,

 Pour trouver le bonheur

J'y ai mis tout mon cœur

3) Un jour, j'ai rencontré un homme qu'avait tout fait

Qui me dit : mon garçon, dans la vie, y'a du bon.

Quel que soit le moyen, qu'il soit mal, qu'il soit bien,

Fais tout pour t'en saisir, le bonheur, c'est jouir !

Ref : Je m'suis donné à fond,

Livré à corps perdu,

Pour trouver le bonheur

J'y ai mis tout mon cœur

4) Alors, j'ai tout laissé, les objets de mon passé,

le sport et la musique, l'auto , la politique ;

N'ayant pu y trouver rien qui puisse étancher

Ma soif de vrai bonheur, j'm'en vais chercher ailleurs !

Ref : Je m'suis donné à fond,

Livré à corps perdu,

Pour trouver le bonheur

J'y ai mis tout mon cœur .

5) Ailleurs, c'était pareil, les filles, la bouteille !

 Les films pornographiques, la drogue et puis les flics !

J'étais si jeune pourtant, j'avais tout essayé,

Mordant à pleines dents ce bonheur qui fuyait !

Ref : Mais, j'ai touché le fond,

Et puis, j'ai tout perdu ,

Mes amis, ma santé, ma joie : je me sens nu !

6) Ecoeuré par moi-même, par les autres aussi,

Puis, par tout ce système qui n'est qu'hypocrisie,

L'idée me vint alors qu'il fallait que j'arrête
Cette vie de détresse ici-bas par la mort .

REF : Mais, mon cœur a crié,

Ô Dieu, si tu es là,

Avant de tout quitter,

Révèle-toi à moi !

7) Soudain une parole, lue dans un très vieux livre
 jaillit dans mon esprit, illuminant mon cœur,
« car Dieu t'a tant aimé qu'il a donné son Fils,
Afin que par sa mort, tu puisses être sauvé « !

REF : Sauvé, je suis sauvé !

Jésus-Christ est la vie !

La mort a son vainqueur !

J'ai trouvé le bonheur !

JM Ausset 1973 . Chant   inspiré par des fais réels.

HYMNE A JESUS-CHRIST : de la crèche à la croix

1) Une nuit, à Béthléem, naquit un humble enfant
dont le nom est adorable, c'est le fils du Tout-Puissant.

Refrain : Jésus, Jésus, tu es notre Seigneur,
Ton nom apporte aux hommes le bonheur.

2) Dans le temple à Jérusalem, à 12 ans, Jésus s'entretint
avec les docteurs stupéfaits de voir si grande autorité .

Refrain : Jésus, Jésus, tu es le fils de Dieu,
Car ton nom seul est la porte des cieux .

3) Jean-Baptiste, l'homme du désert, baptisa Jésus au
Jourdain,
Et l'on vit du ciel entrouvert descendre un messager divin.

Refrain : Jésus, Jésus, tu es le Dieu vivant,
 par ton esprit, tu aides tes enfants.

4) Au désert, conduit par l'Esprit, 40 jours il résista ;
 Tout ce que Satan lui offrit, le fils de Dieu le refusa

.

Refrain : Jésus, Jésus résiste au tentateur,
Jésus, Jésus pour sauver le pécheur.

5) Jésus eut un court ministère qu'il accomplit avec amour,

Il n'avait rien sur cette terre, vivant pour les autres
toujours.

Refrain : Jésus, Jésus, ton nom saint est amour,

Jésus, Jésus, tu veux nous sauver tous.

6) Accomplissant des miracles, Jésus soulageait bien des
maux,

Mais , méprisant ses oracles, l'homme lui tourna le dos.

Refrain : Jésus, Jésus , tu fus humilié

Jésus, Jésus, par ceux que tu aimais.

7) A Golgotha, mont du Calvaire, sur la croix, le Seigneur
fut cloué,

C'est là qu'il but la coupe amère et qu'il porta notre péché.

Refrain : Jésus, Jésus, tu fus crucifié !

Jésus, Jésus, toi qui a tout donné !

8) Mais, victoire , Il est ressuscité, du tombeau la pierre est
roulée,

et près du Père il est monté, celui qui pour nous s'est
donné !

Refrain : Jésus, Jésus, nous bénissons ton nom.

ésus, Jésus, quel magnifique don !   JMA Nov 1978

III) HISTOIRES COURTES VRAIES OU FICTIVES

LES JEUX DE MOTS SONT A LA LANGUE FRANCAISE CE QUE LA TOME ET LA PUREE DE POMMES DE TERRE SONT A L'ALIGOT : UN REGAL

J'ai choisi l'Aubrac pour camper les protagonistes de l'histoire qui suit.

Pour quelle raison, me direz-vous, avec la pertinence qui vous sied ?

Tout simplement à cause de ses vaches aux yeux ourlés de noir et de blanc dont le doux regard a la vertu de vous faire fondre à vue d'oeil !

Mais, pas seulement car si le rimmel, dont la nature l'a gratifiée, a su attirer

votre regard, cette vache de la race Laguiole - nom du village où est né le fameux couteau éponyme – arbore fièrement une magnifique paire de cornes

qui ajoutent à sa beauté naturelle. On ne se lasse pas de l'admirer !

Je ne vous parlerai pas du magnifique étalon à la robe marron foncé qui veille sur son harem broutant l'herbe verte des grands espaces qui sont offerts à leur gourmandise ! Le décrire en quelques mots serait insuffisant pour dire la beauté

brute et l'expression de force qui se dégage de cet impressionnant personnage dont, cependant, les frisettes claires qui occupent l'espace entre ses cornes apportent une note de douceur contrastant avec le noir Soulages de ses yeux brillants .

On dirait presque qu'on vient de lui faire une mise en plis, me rappelant au

passage la « permanente » de ma mère de retour de chez la coiffeuse !

Il faut dire que ces vaches sont pour la plupart des vaches à viande renommées

dans tout l'hexagone !

Il faut avoir dégusté un beau pavé pris dans le filet pour comprendre que les éleveurs ont privilégié cette filière plus lucrative que la production et la vente du lait .

Toutefois, depuis 1991, la génétique a permis de retrouver les qualités de production de lait qui caractérisaient les vaches Aubrac, à leur origine,

sans , pour autant, rentrer en concurrence directe avec une race laitière suisse beaucoup plus productive, la Simmental, qui produit environ 6200 kg de lait par an et qui fut importée sur ce terroir après la guerre.

J'ai parlé du pavé de bœuf, découpé hâtivement avec le couteau du cru évoqué plus haut, puis savouré religieusement, mais j'ai omis de parler de l'accompagnement consacré sans lequel ce mets perdrait ce qui fait sa richesse gustative et sa renommée, à savoir, l'aligot !

L'aligot est composé de pommes de terre, de beurre, de crème, d'ail et de tome fraîche d'Aubrac, le tout se présentant comme une purée.

i vous avez Internet, tapez dans la barre de recherche le lien suivant qui vous présentera la recette .

Et pour vous mettre en appétit, voici deux photos évocatrices de plaisirs gustatifs providentiellement précédés par des plaisirs olfactifs !

Mais, foin de toutes ces considérations gastronomiques et culinaires lesquelles, pour intéressantes qu'elles soient, risquent de nous éloigner de notre sujet que je vous rappelle : les jeux de mots sont à la langue française ce que la tome et la purée de pommes de terre sont à l'aligot : un délice !

Laissez-moi donc vous narrer la petite histoire suivante qui se situe au coeur même de l'Aubrac et plus précisément dans un buron.
Mais, qu'est-ce que c'est ? Ou plutôt : késaco ou quèsaco ou encore quezako,
selon l'endroit de Lozère ou d'Auvergne ou encore du Cantal, où vous êtes .

Les burons sont de petites maisons de pierres couvertes de lauzes ou d'ardoises que leurs propriétaires de la vallée utilisent de façon saisonnière durant quatre mois d'estive. L'estive est la période de l'année où les troupeau paissent sur les pâturages de montagne.

Par métonymie, c'est aussi le pâturage de montagne et la garde du troupeau assurée par les « buronniers ».

A la fin du XIXème siècle, on comptait 350 burons, puis, dans les années 50, il n'y en avait plus que 141 et finalement, il n'en resta qu'une dizaine en raison de l'arrêt de cette activité qui n'était plus rentable !
A la fois, maisonnettes de bergers et petites fromageries, on les trouve particulièrement en Auvergne, dans le Cantal et l'Aubrac.

De nos jours, les constructions restantes ont été rénovées et transformées en restaurants ou auberges où les estivants et les chasseurs viennent apprécier la viande d'Aubrac ou ses saucisses agrémentées par un aligot qui exhale les saveurs du terroir, le tout accompagné d'un bon petit rouge de la plaine qui a grandi en prenant du bouquet avec l'altitude.

Le buron de mes grands-parents : une histoire de bric et de broc d'Aubrac

Me voici donc avec ma grand-mère Alix, assis tous les deux devant la cheminée toute heureuse de reprendre du service après le semi-repos de l'été ; encore que, le feu ait été entretenu pour garder la soupe au chaud !
J'avais dans les 12 ans et je devais porter les pantalons courts quelle que fut la saison , hiver comme été ! A cette époque-là le

« blue-jean » n'était pas rentré dans les mœurs bien que la toile « denim » fut fabriquée à Nîmes !

Le buron de mon grand-père Fernand avait cette particularité de posséder un grenier auquel on accédait par une échelle de meunier branlante qui trahissait son âge vénérable. Grimper à cette échelle relevait de l'exploit, exercice auquel mes grands-parents avait renoncé depuis longtemps.
Ma grand-mère qui avait deviné mes aptitudes à l'escalade en me voyant faire l'ascension des énormes blocs morainiques d'origine glaciaire qui rompaient l'uniformité des champs alentour, et ayant deviné mon envie mal réprimée d'aller à la découverte des trésors accumulés durant des décennies que je percevais comme des siècles, me demanda de sa voix douce si je pouvais monter au grenier pour ramener un broc en métal qui servait à transporter le lait quand elle était petite. Toutefois, sa requête fut assortie de recommandations de prudence.

Me voilà donc au pied de l'échelle, l'observant avec autant de minutie que Maurice Herzog scrutant l'Annapurna en mai 1950 avant d'en commencer l'ascension avec son ami Louis Lachenal. Ils furent, d'ailleurs, les 1ers à vaincre un sommet de plus de 8000 mètres ! Mon défi à moi était de monter à 4 m au-dessus du sol sans « dévisser », terme que j'avais appris en lisant le livre exaltant de Maurice Herzog : Annapurna, premier 8000.
Je me revois soulevant mon pied gauche, qui me semblait plus gauche que d'habitude en raison d'un tremblement incoercible qui

me surprit autant que lui, essayant de le poser sur le premier barreau mais sans résultat. Je sentais derrière moi le regard inquiet de ma grand-mère ; aussi, m'armant de courage et sans hésiter, je posai mon pied droit, bien plus adroit que le gauche, et poursuivit ainsi mon escalade testant manuellement la solidité du barreau suivant .

Enfin, dans un soupir que j'espérai avoir été le seul à entendre, j'exprimai tout à la fois mon soulagement et ma fierté d'avoir réussi ma grimpette !

Le spectacle qui s'offrit à mes yeux - qui avaient mis du temps à s'accommoder à cette demi-obscurité - s'écarquillèrent devant la vision qui s'offrait à eux.

L'atmosphère était un brin angoissante car, seuls, quelques rayons de soleil

pénétraient par une lucarne ovale percée dans le pignon du mur.

Or, ces rais de lumière étaient peuplés d'une multitude de minuscules objets dansants et virevoltants que je découvrais pour la première fois de ma jeune existence. J'avançai alors, avec prudence, ma main qui pénétra dans un rayon et, surprise, tout ce petit monde se mit à bouger dans tous les sens ! Au début, je fus saisi de crainte, mais, alors que je m'enhardissais et que j'agitais ma main de droite à gauche, je découvris qu'il n'y avait aucun danger, Je poursuivis donc mes investigations méthodiquement par des mouvements multidirectionnels et avec des vitesses différentes, et je constatai que, ce faisant, je remuais des siècles de poussières qui constituaient les archives volatiles de la vie de mes ancêtres !

J'en ressentis alors comme une forme d'émotion qui témoignait de ma grande sensibilité et de mon attachement à cette terre qui m'avait vu naître puisque ce fut à Saint-Chély- d'Aubrac que je poussai mes premiers cris dignes d'un crieur public que je ne devins jamais, par ailleurs et par bonheur aussi !

Restait maintenant à poursuivre ma quête du broc demandé par ma grand-mère .

Devant moi s'étalait un amoncellement d'objets hétéroclites dont la plupart m'étaient totalement étrangers ! Je n'avais jamais vu un tel bric-à-brac et pourtant nous étions familiers des brocantes d'Aubrac et nous revenions toujours avec quelques bricoles inutiles, bien évidemment !

Manifestement, on s'était contenté de jeter en vrac ce dont on n'avait pas ou plus une utilité pressante.

Alors, trouver un broc dans cet univers construit de bric et de broc, relevait, là aussi de l'exploit ! J'étais là, planté devant des amas d'objets couverts de 2 centimètres de poussières accumulées depuis des générations, aussi perplexe que Champollion penché sur des tablettes de hiéroglyphes !

Et, puis, je ressentais en moi comme une retenue et une forme de crainte de violer les témoins de la vie de mes ancêtres en les touchant, ou même en les effleurant. D'un seul coup, j'éprouvais le sentiment que j'étais devant un lieu sacré comme lorsque l'archéologue anglais Richard Pococke découvrit en 1737
la tombe de Ramsès 2 dans la vallée des Rois, près de Thèbes .

Cette pensée eut pour effet de me paralyser tandis que je prenais conscience que ma présence dans ce lieu avait pour but de ramener un broc à lait.

Devant cette situation abracadabrantesque qui me voyait confronté à deux réalités complètement opposées – l'une relevant des sentiments quasi mystiques et l'autre étant, on ne peut plus prosaïque – j'eus la révélation du haut de mes 12 ans, du concept de dilemme en même temps que de celui du choix !

J'aurais pu entendre le courant électrique, appelé influx nerveux, passer d'un hémisphère à l'autre à la vitesse de 34m par seconde, sautant allègrement d'un nœud de Ranvier à un autre nœud de Ranvier, si j'en avais eu connaissance, pour faire le va-et-viens entre l'hémisphère droit – imagination - et l'hémisphère gauche – logique - pour faire simple ! Mais, là encore, je ne savais pas que tous ces mécanismes se faisaient sans bruit car atténués par 3 couches protectrices accolées au crâne, appelées « méninges », à savoir, la dure-mère — la pie-mère et l'arachnoïde ! J'eus alors, l'intuition géniale que derrière tout cela, il devait y avoir un super ingénieur que, plus tard, j'appellerais Dieu. Mes études éclectiques – scientifiques, littéraires, philosophiques, théologiques et mécaniques – ne feront que confirmer cette intuition première.

A la conquête du Graal : le broc

Finalement, il fallait bien que la bille s'arrête à un moment, ayant épuisé son capital d'énergie cinétique initial, et ce fut sur la case : broc !

Me voici reparti dans ma quête devenue fébrile, un peu comme les Chevaliers de la Table Ronde, lesquels, selon la légende arthurienne poursuivirent sans relâche et sans succès un objet mythique appelé Graal, puis Saint Graal au XIIIème siècle.

N'ayant pas encore de montre car n'ayant pas fait ma 1ère « communion », je dus me fier à mon instinct pour évaluer le temps passé dans cette chambre haute mortuaire. Cependant, je me disais qu'il suffisait que j'entende ma grand-mère m'appeler !

Il y avait de tout ! Un véritable bric-à-brac ! Un vieux vélo, doté d'un immense guidon relevé en forme de cornes de vaches dont les dimensions avaient dû faire pâlir plus d'une aubrac du coin, voire même rendre jaloux le taureau de service.

Un vieux banc à moitié vermoulu à la couleur bien passée, dont la teinte indéfinie ne pouvait se retrouver sur aucune palette officielle de couleurs! Je doute que Van Gogh ou son copain Gauguin eussent réalisé de si beaux tableaux s'ils n'avaient eu à leur disposition que des tubes de peinture aussi ternes que celle du banc de mes aïeux !

Laissant donc ce vestige d'un passé qui me paraissait bien triste, je laissai mon regard errer dans ce capharnaüm lorsque soudain, mon attention fut attirée par un objet cylindrique qu'un rayon du soleil couchant vint effleurer, révélant son origine métallique ! Je dois préciser que l'œil de bœuf – car c'est ainsi que l'on appelait ce

type de lucarne – était ouvert sur la façade orientée vers l'ouest .
Après avoir enjambé avec moult précautions toutes sortes d'objets
dont je tairai les noms car je ne les connais pas, je me penchai et
saisi en tremblant un peu, et presque religieusement, par sa anse
l'objet de ma quête que ma grand-mère appelait savamment : un
broc ! Enfin, me voilà sauvé !
Je vous laisse l'admirer ! Vous noterez qu'il est dans son jus !

J'entendis alors la voix inquiète de ma grand-mère qui me
demandait si j'avais enfin trouvé son broc ! Je m'écriai alors, à la
fois pour la rassurer et pour manifester la joie de ma réussite : « ça
y est, je l'ai trouvé ! » avec autant d'enthousiasme que lorsque
Archimède poussa son fameux « euréka » allongé dans sa
baignoire, et découvrant la fameuse loi selon laquelle, tout corps
plongé dans l'eau reçoit une poussée de bas en haut égale au poids
du volume d'eau déplacé ! CQFD ! Comme vous le saviez sans
doute, le mot grec euréka, signifie tout simplement : j'ai trouvé !
Jusqu'à ce jour, je savais, par expérience, que tout corps plongé
dans l'eau en ressort mouillé et qu'il fallait vite se sécher pour ne
pas prendre froid , en bon français, pour ne pas attraper la crève .
Me voilà donc entamer la descente périlleuse de cette échelle
séculaire ! J'en avais testé avec succès la solidité à la montée, et
c'est donc avec plus de hardiesse que je me livrai à l'exercice de
la descente, me tenant avec la main gauche au montant de

l'échelle et tenant de la main droite le précieux broc avec autant de précautions que le prêtre tenait le saint ciboire !

Me voilà enfin arrivé sur la terre ferme dont j'appréciai la solidité autant que le marin revenu de la pêche à la baleine après un an d'absence ! Il faut dire, et j'avais oublié de le faire, que le plancher du grenier, aux planches mal ajustées, branlait de toutes parts me créant quelques frayeurs que je ne détaillerai pas de peur de passer pour un couard !

Bref, fièrement et non sans émotion, je tendis le broc à ma chère grand-mère qui, en le voyant, et en me voyant indemne, ne put cacher l'émotion qui la saisissait ! On la comprend bien ! Ce broc, dont la anse polie par ses propres mains pendant des décennies, faisait resurgir en elle tant de souvenirs oubliés ou refoulés, et puis, son petit-fils revenu sain et sauf après avoir conjuré tous les dangers de son ascension ! Tout cela la bouleversait ! Ah, combien je l'aimais ma bonne-maman ! Il faut dire qu'elle était si aimante que je n'avais aucune difficulté ni aucun mérite à l'aimer !

Le temps s'était écoulé depuis le début de mon aventure et le soleil rougeoyant se retirait à l'horizon à petits pas, en rasant la terre, sans faire de bruit .

Le feu crépitait dans la vaste cheminée où nous pouvions nous asseoir à deux. Ma grand-mère venait de lui redonner un peu de vigueur en y jetant quelques genêts bien secs puis en l'alimentant avec deux belles bûches de chêne dont le bois aux fibres serrées tient longtemps.

Il était temps, à présent, de passer à table !

Ma grand-mère Alix, n'était pas originaire de la Haute Lozère, mais de Florac, capitale des Cévennes, plus au Sud. Elle avait rencontré son futur époux au marché à bestiaux de Mende qui se tenait comme il se doit au foirail tous les lundis. Elle était descendue avec son père qui voulait y vendre une paire de vaches qu'il avait en surnombre, et en plus, ça lui permettait d'avoir un peu de liquide au cas où ! Elle devait avoir 16 ans.

Les marchés aux bestiaux étaient un moment particulier où le temps semblait ralentir. On y rencontrait de vieilles connaissances, on buvait un verre de vin chaud ou de café, on bavardait avec cette retenue des paysans peu habitués à la conversation, puis on observait les bestiaux que l'on palpait du regard avant de le faire avec la main ! Des mains connaisseuses de l'anatomie des bovins comme des ovins que leur eussent enviés nombre de vétérinaires de campagne d'aujourd'hui !

Moment particulier qui semble ralentir le temps comme je l'ai dit, où le pressé devient badaud et où le nerveux devient chaland puis nonchalant ! Je fais ici allusion aux curieux, aux promeneurs, aux retraités qui n'ont plus beaucoup de temps à vivre car, à l'époque, l'espérance de vie des hommes avoisine les 60 ans.

C'est donc dans cette atmosphère « parfumée » par l'odeur du tabac gris qui se consumait des cigarettes faites maison, pendant de la lippe des fumeurs, que la rencontre se fit entre ma grand-mère et mon grand-père !

Leur regards se croisèrent d'abord furtivement, puis de façon un peu plus appuyée . Or, il se trouvait que mon arrière-grand-père Jules connaissait le père de mon grand-père Fernand et qu'ils engagèrent conversation . Du coup, Alix et Fernand commencèrent à se parler de leur côté, par bribes hésitantes au début puis avec moins de retenue. Un observateur extérieur aurait noté que le jeune homme, qui devait avoir 20 ans, parlait plus souvent que la jeune fille. Il faut donc préciser qu'à l'époque – on devait être en 1850 ou 60 – la femme parlait peu et devait se plier aux décisions de son mari. Bref, en les regardant de loin, on sentait que quelque chose se passait entre ces deux-là ! Et de fait, c'est ce que pensèrent les 2 pères qui leur jetaient des regards furtifs pour ne pas rompre cette amorce de relation prometteuse. Après avoir réglé leurs affaires, ils se concertèrent et aboutirent à la conclusion qu'une union entre les deux partis serait avantageuse pour tout le monde ! Je ne m'étendrai pas sur la suite que vous avez devinée !

Une histoire de « brique » et de broc :

Pendant que ma grand-mère me faisait le récit de cette rencontre passionnante pour les acteurs de la scène comme pour les lecteurs, mijotait dans une casserole en fonte, posée sur un support adéquat disposé au-dessus des braises, un bajanat !

Le bajanat est un plat dont vous allez avoir la recette, typique des Cévennes car à base de châtaignes. Suivant le lieu, le nom diffère quelque peu. En Cévennes ardéchoise, on l'appelle cousina ; sinon, il y a quelques variantes comme bajanac ou badjana . Quoi qu'il en soit, les ingrédients sont les mêmes et le goût identique. Pour être bref et précis, il s'agit d'une soupe aux châtaignes qui a constitué le plat principal des cévenols pendant plusieurs siècles à partir du XVI ème. Ce n'est pas pour rien que le châtaignier était appelé « l'arbre à pain » !

Il est temps maintenant de lever le secret sur sa recette !

Les châtaignons, châtaignes séchées, doivent avoir trempés toute la nuit dans de l'eau. Le lendemain : égoutter puis faire cuire une heure, soit dans de l'eau, soit dans du lait avec une pincée de sel. Au moment de servir, on peut rajouter un peu de vin.

C'est donc cette recette que ma grand-mère suivait depuis sa jeunesse !

Elle avait toujours une réserve de châtaignes qu'elle renouvelait une fois par an à Mende ou Florac.

En préparant notre bajanat, elle me demanda de lui apporter la brique de lait qu'elle gardait au frigo . Il faut dire que mon père avait fait mettre l'électricité et avait acheté ce qui pouvait améliorer la vie et le confort de sa mère .

Me voici donc avec cette « brique » de lait à la main . Ma grand-mère qui avait posé la casserole sur une lauze pour ne pas brûler la table, prit la brique, dévissa le bouchon en plastique et versa une certaine quantité de lait qui fit des bulles au contact de l'eau encore frémissante. Avec une grosse cuillère en bois, elle mélangea le tout pour le lier et ajouta une pincée de sel.

J'avais posé le broc en bout de table et comme j'étais malicieux, j'avais aussi mis, à côté, la brique de lait .

Je savais que ma grand-mère mordrait à mon hameçon et engagerait la conversation sur ce sujet .

Elle me vanta les vertus de son broc en aluminium que l'on n'était pas obligé de jeter après usage, qu'il suffisait de le frotter de temps en temps avec de la paille de fer pour le garder brillant et comme neuf ! Bref, si elle reconnaissait que la brique était moins lourde et plus facile à transporter, encore que cela restait à prouver, elle trouvait que c'était dommage de la jeter après usage ! Elle appelait cela, du gaspillage !J'étais convaincu qu'elle avait raison et me rangeai à son avis.

Le mois de septembre arrivant et avec lui, la fin des vacances, je m'apprêtais donc, le coeur gros à quitter ces lieux chargés d'histoire mais surtout de l'amour de ma grand-mère .

Déjà, j'entends le bruit du moteur de la 203 Peugeot de mon père qui vient chercher son rejeton !

Je crus un moment que c'était le laitier qui venait remplir de lait le broc de ma grand-mère ! Mais où avais-je la tête ?

C'était bien mon père qui venait de s'arrêter dans un nuage de poussière . Après les embrassades affectueuses, il me demanda de vider le coffre et de ranger dans le frigo une dizaine de briques de lait qu'il montait chaque week-end pour sa mère.
Ce que je fis bien volontiers .
Je compris alors que si le broc, c'est bien, les briques, c'est pas mal non plus !

Je me promis alors de retourner l'an prochain dans le grenier pour fouiller dans ce bric- à- brac et y trouver d'autres témoignages de la vie en Aubrac !

Jean-Marc AUSSET, Saturargues, le 11/03/22

NB : cette histoire est un mélange de réalité et d'imaginaire

LA SIMCA 5 DE MON PERE

1960-61

SIMCA, acronyme de « Société industrielle de mécanique et carrosserie automobile », franco-italienne fondée à l'origine par Fiat .

Précisions sur la Simca 5 de mon père:

Elle fut produite de 1936 à 1949. Elle était la cousine germaine de la Fiat 500 Topolino. Elle dispose d'une boîte de vitesses de 4 rapports, les roues avant sont indépendantes avec des freins hydrauliques à tambours sur les 4 roues et une batterie de 12 V. Son moteur de 4 cylindres cube 573 cm3 et délivre 12 ch pour une consommation de 3.5l, une vitesse maxi de 90 km/h et un poids de 560 kgs. Bref une superbe petite voiture qui ferait le bonheur des citadins actuels.

Le modèle de mon père, que vous voyez sur la photo, est l'association ou plutôt le jumelage de 2 Simca 5 ! L'une avait été percutée par l'avant et l'autre par l'arrière. Mon père décida de les scier en deux, puis de les souder , pour n'en faire plus qu'une ! Ill faut savoir que c'était une monocoque!

Révision complète du moteur de celle qui avait vu son train arrière défiguré. Notamment, rodage des soupapes que mon père me fit l'honneur d'effectuer ! Changement des coussinets de bielles par précaution et réglage des culbuteurs que j'avais appris à faire, ce qui me permit de dire que j'étais devenu calé ! Puis ponçage de la carrosserie, toujours avec une cale, après décabossage et masticage ! Là aussi j'eus ma part de papier à eau

Corindon pour poncer, poncer et encore poncer, un peu comme les Shadocks, sauf que eux, ils pompaient ! Puis venait le moment de l'inspection !

Mon père avait 3 CAP (mécanicien+ ferronnier+ carrossier) plus le BI, Brevet industriel et enfin, le Brevet Inter Armes de spécialiste mécanicien auto-char)!

Ainsi, fort de ses connaissances , il prenait une lampe, s'accroupissait et regardait la carrosserie en lumière rasante, le meilleur moyen de voir les défauts ! Or, avec lui, il fallait que ce soit parfait sinon le SDF qui vivait dans le virage de la carrière entendait sa voix de ténor ! Je le sais, parce que, lorsque je revenais de l'école, j'aimais à discuter avec lui et il me disait alors :" j'ai l'impression, mon petit, que ça a bardé à Béthanie " avec un sourire de connivence car je l'avais rassuré en lui disant que mon père avait le verbe haut mais qu'il avait un coeur d'or.

Bref, après moultes séances de ponçage, re-mastiquage et re-ponçage, la voiture fut prête pour la peinture. Comme nous étions très économiquement faibles, nous n'avions pu acheter un compresseur et un pistolet et c'est un peintre des cars de la ville dont j'utiliserai 10 ans plus tard les services, qui assurait parfaitement ce travail, contre une modeste rétribution.

Il faut dire que pendant tout ce temps, une tante

couturière, prénommée Odette, se chargeait de recouvrir les sièges d'un nouveau tissu . Je me souviens qu'il s'agissait d'un tissu pied de poule marron clair.

Ainsi, refaite de pied en cap, notre Simca 5 avait fière allure avec ses chromes bien astiqués, devinez par qui !

Vint le moment de nous en séparer , J'avais un peu la larme à l'oeil, car, voyez-vous, mon cher Monsieur, on s'y attache à ces objets animés qui ont une âme !

C'est un cher ami au nom italien , D..te Me....na, qui succomba à l'appel de cette belle demi-italienne . Cela aurait pu être pire ! Dante était menuisier-ébéniste et il saurait bien s'en occuper, me disais-je .

La voiture était tournée vers le garage et il fallait donc faire un demi tour en marche arrière pour se mettre dans le bon sens. Il y avait largement assez de place pour effectuer la manoeuvre. Mais, voilà, il a suffi que le pied droit de notre ami applique une pression trop intempestive sur la pédale de l'accélérateur, pour qu'un grand bruit de tôle froissée vienne écorcher nos sensibles oreilles de mécano-mélomanes ! Catastrophe !

Le parechoc arrière faisait pitié à voir ! On aurait dit un spaghetti passé au fer à friser tant il était tordu ! L'aile arrière droite ne risquait pas de s'envoler , vu la forme anti dynamique qu'elle avait prise ! D..te était rouge de confusion tandis que je voyais le visage de mon père blêmir ! Mais, comme je l'ai dit plus haut, il avait bon coeur et certains, parmi ses amis, surent en profiter. C'est donc en jugulant ses émotions qu'il rassura notre ami, en lui disant qu'il ferait le nécessaire pour que tout soit remis en état !

C'est ainsi que se termina un de ces épisodes chers à mon coeur car ils sont encore vivaces dans ma mémoire .

Jean-Marc AUSSET, le 09/04/21

LE CHATEAU DE ROCHEBLAVE

Le Château de Rocheblave fut construit au XVIe siècle. Surplombant la rive droite du Tarn, sa situation lui permettait de contrôler l'entrée des Gorges du Tarn ainsi que l'accès au Causse de Sauveterre.

J'ai bien connu ce château car j'y ai vécu un mois en juillet 1954; j'avais alors 8 ans et c'était ma première expérience de vie loin du cocon familial! Je nous revois devant « la Maison du Peuple » derrière les arènes de Nîmes, ma mère me serrant la main de peur que je ne m'envole, les yeux un peu gonflés et rougis par l'émotion à l'idée de me laisser partir vers l'inconnu ! Comme j'étais déjà dans ma tête un homme, certes petit mais un homme malgré tout, et de surcroît un Ausset, je m'efforçais de tenir mon rang par un visage altier, masquant mes émotions derrière un sourire qui se voulait rassurant pour ma maman et peut-être aussi pour moi . Bref, le car nous engloutit après l'appel des noms et prénoms des futurs colons ! Lorsque j'entendis mon nom, ce fut avec fierté que je répondis « présent » et

que j'embrassai presque furtivement ma mère qui me
serait compulsivement dans ses bras ! Je ne vous conterai
pas la suite du voyage dans un car brinquebalant qui
devait dater de la guerre de 14 ! Malgré tout il réussit à
nous conduire à bon port, le bougre ! 120 kilomètres de
route au revêtement de bitume qui avait subi les méfaits
de l'invasion teutonne nazie,10 ans auparavant ! Peu leur
importait à ces envahisseurs barbares puisqu'ils pensaient
qu'une fois installés chez nous, ils auraient de la main
d'oeuvre gratuite pour réparer ce qu'ils avaient abîmé sans
vergogne! Je me souviens de ce trajet jusqu'à Quézac car
je le connaissais bien, ayant passé mes précédentes
vacances à Vébron où mes grands-parents paternels
avaient une maison !

Anduze où mon arrière-grand-père maternel Aberlenc
tenait le four à chaux ; Saint-Jean-Du-Gard, où naquit mon
arrière-grand-père paternel, Jules Ausset, celui-là même qui
finit commissaire central de police à Bordeaux ! C'était
l'époque des brigades du Tigre ! Saumane, dont le pont sur
le Gardon, portait le nom de « Pont d'Ausset » écrit en
grosses lettres sur une pancarte bien visible, dont la vue
provoquait chez moi une bouffée de fierté juvénile ! J'étais
chez moi, dans mes Cévennes libres ! Saint André de
Valborgne, puis Vébron dont la traversée me vit scrutant la
place pour y voir au moins un membre de ma parentelle,
mais en vain ! Puis , nous traversâmes Florac animée
comme il se doit car c'était jour de marché ! Plus que 15
kilomètres et voici qu'apparaît en majesté ce joyau du XVI
siècle, le château de Rocheblave ! Et du coup, après en
avoir franchi l'imposant portail qui ouvrait sur une
immense salle avec une cheminée qui aurait pu accueillir
un chevreuil entier, voici que je me sentais l'âme d'un
châtelain ! Je ne vous raconterai pas tout mon séjour, sinon
une courte anecdote,

Je me souviens de l'histoire de "la maison hantée" qui se
trouvait en haut de la colline située en face du château.
L'idée qu'elle fut hantée alimentait nos fantasmes
d'enfants , à la fois attirante et effrayante sinon intrigante.

Je ne fus pas autorisé à participer à la randonnée car j'avais été opéré de l'appendice 2 mois auparavant. Je m'empressai donc de demander à mes nouveaux amis s'ils avaient bien vu un fantôme ! Comme ce ne fut pas le cas, je m'endormis, cette nuit là, sans faire de cauchemar.

C'était alors une colonie de vacances et j'y ai découvert les premières contraintes mais aussi les plaisirs de la vie en communauté ! Un très bon apprentissage pour une autre expérience communautaire de 16 mois en 1967, soit 18 ans plus tard, à l'occasion de ma libre participation obligatoire à un stage de formation militaire, nourri, logé, blanchi et en plus payé 60fr par mois appelé: le service militaire ! J'ai pu y faire l'économie d'un réveille-matin car le son du clairon, avec sa douce musique qui ne devait rien à Debussy, nous rappelait le lever du soleil avec plus d'efficacité que le chant du coq ! C'eut été la vie de château si nous n'avions été embauchés comme serviteurs de la Nation, volontaires d'office, prêts à partir au combat si d'aventure les Corses avaient décidé d'envahir à leur tour la France, à commencer par l'Occitanie ! Mais ce ne fut pas le cas et nous dûmes poursuivre notre entraînement durant des journées si longues que nous pensâmes qu'elles devaient faire , durant cette période d'entre-deux, au moins 25 h ! Je rêvais, le soleil s'étant couché et nous en même temps que lui, je rêvais alors, disais-je , tandis que mes compagnons de chambre rompaient le silence propice à un sommeil que nous désirions réparateur, par des ronflements d'insatisfaction et de rouspétance ou encore par des manifestations gastriques qui témoignaient par leurs harmonies tant auditives qu'olfactives de l'horrible composition des menus que nous devions ingurgiter , je rêvais alors, aux jours passés dans la liberté, où mon scooter me conduisait allègrement là où ma réserve d'essence me permettait de faire un aller-retour sans tomber en panne sèche ! Je me revoyais aussi dans ce château de Rocheblave, tel un hobereau scrutant le chemin qui montait à Sauveterre , pour voir au loin, assise en amazone sur un fringant destrier, alezan crins lavés, arriver au petit trot, celle que mon coeur attendait depuis si longtemps, presque 500 jours ! Je me souviens même de son nom :

LIBERATION !

Jean-Marc AUSSET Saturargues le 15/04/21

L'AVENTURE DU NORD ATLAS

Par le 1ère classe AUSSET Jean-Marc

CI 67-9

Moniteur de sports militaires

Brevet d'Aide fusilier-commando de l'Armée de l'Air

Incorporé le 1er novembre 1967 à la base aérienne 125 d'Istres

Libéré le 1er mars 1969 de la base 701 de Salon-De_Provence

https://www.francetvinfo.fr/culture/patrimoine/histoire/aviation-retour-sur-l-histoire-du-noratlas-classe-monument-historique-depuis-2007_4181371.html#xtor=EPR-2-[newsletterquotidienne]-20201115-[lesimages/image5]

Je ne peux m'empêcher de vous envoyer cette vidéo de cet avion qui est pour moi chargé de souvenirs !

Lorsque j'étais à Salon-De-Provence à la base aérienne 701, j'étais moniteur de sports militaires. J'ai été appelé à accompagner notre équipe de foot pour participer à un tournoi entre bases aériennes qui devait se dérouler à la base corse de Solenzara. Notre voyage se fit donc dans un Nord Atlas comme celui que vous verrez en vidéo. J'ai fait ce voyage debout, entre les 2 pilotes qui avaient accepté ma présence. Ce fut une expérience inoubliable . Cet avion avait pour vocation de transporter des troupes de fusiliers commandos de l'armée de l'air et de les larguer sur le lieu d'intervention. Vous noterez le grand confort des sièges dans la carlingue sans parler de l'énorme bruit des gros moteurs qui envahissait cette caisse de résonance. Expérience inoubliable, disais-je, parce que le match ne se déroula pas selon les normes sportives, à savoir celles du fair-play. Nous avions oublié - moi et la quinzaine de joueurs - que nous étions en Corse et que l'équipe adverse était soutenue par une immense horde de supporters constituée par tous les soldats de la base. C'est ainsi que chaque but marqué par notre équipe donnait lieu à une bronca qui ne portait pas à conséquence tant qu'elle restait dans le registre vocal lequel voyait sa puissance d'émission augmenter avec le nombre de minutes qui nous rapprochait de l'épilogue.Bref, ce qui devait arriver, arriva !

Vous l'avez compris, ce fut le but de trop qui libéra la soupape maintenue dans sa cage miraculeusement ! Soudain, après une contestation refusée par l'arbitre, le terrain de sports se mua à une vitesse grand V en champ de bataille rangée ! Nous étions, au bas mot, 1 contre 10 . Après quelques horions distribués ici et là, nous décidâmes de battre en retraite et au pas de course vers notre refuge salvateur, j'ai nommé, le Nord Atlas ! La disproportion numérique nous enleva toute honte . N'avions-nous pas gagné le match ?

Bref, jamais nous ne grimpâmes une échelle aussi rapidement que ce jour-là qui resta gravé dans nos mémoires. La bataille fut rude mais nous la gagnâmes

à la loyale sur le terrain ! Le retour se fit dans une ambiance presque survoltée, chacun voulant apporter sa pierre à la narration haute en couleurs de ses propres faits d'armes. Le bruit des voix était tel que l'on avait du mal à entendre les moteurs qui, pourtant, semblaient s'être donné le mot pour partager cette liesse.

Je repris ma place, debout, entre les 2 pilotes qui n'en revenaient pas d'un tel charivari ! D'ordinaire, les soldats qu'ils convoyaient vers le terrain d'opération étaient concentrés à l'approche de leur lieu de largage , et pour cause, car ils ne savaient pas ce que l'avenir leur réservait !

Tandis que je repassais dans ma tête les principaux moments de cette rencontre insolite, notre lourd aéronef gagnait du terrain, si j'ose dire, car en réalité, nous survolions la Méditerranée. Mais, voici qu'apparaît devant nos yeux le grand bâtiment de quartier général ! Après avoir viré sur l'aile vers la droite pour se mettre dans l'alignement de la piste, face au vent, le bruit des moteurs diminua puis se stabilisa jusqu'au moment où,les roues s'étant posées, l'avion s'arrêta dans un silence assourdissant ! Nous étions arrivés sains et saufs à part quelques rougeurs sur le visage ! Si je devais résumer ce voyage, je dirais sans barguigner qu'il fut corsé !!

JMA 2024

Merci d'avoir eu la patience de lire jusqu'au bout.

En espérant que les proses et les poésies vous auront apporté quelques satisfactions.

Bien cordialement,
Saturargues, le 13 juin 2024

Jean-Marc AUSSET

Printed by Books on Demand GmbH, Norderstedt / Germany